Kindle

Paperwhite

Benutzerhandbuch

**Ein umfassendes Handbuch mit Tipps und Tricks
für Anfänger und Fortgeschrittene zur perfekten
Nutzung Ihres Kindle E-Readers**

Alexander Thorne

Inhaltsverzeichnis

Einführung zum Kindle Paperwhite

Haben Sie sich schon einmal gefragt, wie Sie das Beste aus Ihrem Kindle Paperwhite herausholen können? Vielleicht haben Sie sich Fragen gestellt wie:

- Wie richte ich meinen Kindle Paperwhite zum ersten Mal ein?
- Wie navigiere ich am besten durch ein Buch oder verwalte meine Bibliothek?
- Kann ich meine alten Kindle-Bücher auf ein neues Gerät übertragen?
- Was soll ich tun, wenn bei meinem Kindle Verbindungsprobleme auftreten?
- Gibt es versteckte Funktionen, die mein Leseerlebnis verbessern können?

Wenn Sie sich diese Fragen stellen, sind Sie nicht allein. Als erfahrener Kindle Paperwhite-Benutzer bin ich unzählige Male auf diese Fragen gestoßen, sowohl als neugieriger Anfänger als auch als erfahrener Leser. Der Kindle Paperwhite ist mehr als nur ein E-Reader; es ist ein leistungsstarkes, funktionsreiches Gerät, das Ihre literarischen Abenteuer zum Leben erweckt. Um sein volles Potenzial auszuschöpfen, ist jedoch ein wenig

Anleitung erforderlich – insbesondere für diejenigen, die neu im Kindle-Ökosystem sind oder von einem anderen E-Reader umsteigen.

Dieses Benutzerhandbuch ist Ihr zuverlässiger Begleiter bei der Navigation durch alles, was der Kindle Paperwhite zu bieten hat. Von grundlegenden Einrichtungs- und Hardwaretipps bis hin zu erweiterten Funktionen wie der Navigation mit Page Flip oder der Verwendung von VoiceView für Barrierefreiheit deckt dieses Buch alles ab. Sie erfahren, wie Sie Ihre Bibliothek organisieren, mehrere Konten verwalten und sogar häufige Probleme wie ein Profi beheben.

Egal, ob Sie ein Gelegenheitsleser sind, der seine Lieblingsromane genießen möchte, oder ein Bücherwurm, der fortgeschrittene Tools erkunden möchte, dieser Leitfaden wurde entwickelt, um Ihre Kindle Paperwhite-Reise nahtlos und angenehm zu gestalten. Mit klaren Anweisungen, Schritt-für-Schritt-Anleitungen und hilfreichen Tipps aus der Praxis gewinnen Sie das Selbstvertrauen, Ihren Kindle wie ein Experte zu verwenden.

Tauchen Sie also ein. Am Ende dieses Buches haben Sie nicht nur Antworten auf Ihre Fragen, sondern auch eine tiefere Wertschätzung für die bemerkenswerte Technologie in Ihren Händen. Ihr Kindle Paperwhite-Abenteuer beginnt hier!

Warum sollten Sie sich für den Kindle Paperwhite entscheiden?

Der Kindle Paperwhite ist einer der beliebtesten und vielseitigsten E-Reader auf dem Markt und verbindet Spitzentechnologie mit benutzerfreundlichem Design. Aber was macht ihn zur ersten Wahl für Leser auf der ganzen Welt?

In erster Linie bietet der Kindle Paperwhite ein unvergleichliches Leseerlebnis. Sein hochauflösendes Display mit 300 PPI imitiert das Aussehen von echtem Papier und sorgt für gestochen scharfen, klaren Text ohne die Blendwirkung herkömmlicher Bildschirme – selbst bei hellem Sonnenlicht. Egal, ob Sie bei Sonnenschein oder in einem schwach beleuchteten Raum lesen, das einstellbare Frontlicht sorgt für perfekte Lesbarkeit bei Tag und Nacht.

Ein weiterer wichtiger Vorteil ist seine Tragbarkeit. Mit seinem schlanken, leichten Design und der wochenlangen Akkulaufzeit ist der Paperwhite perfekt für begeisterte Leser, die viel unterwegs sind. Sie können

Tausende von Büchern in Ihrer Tasche mit sich herumtragen und brauchen keine sperrigen Taschenbücher oder schweren Hardcover mehr.

Der Kindle Paperwhite erfüllt auch moderne Lesebedürfnisse und bietet wasserdichten Schutz für das Lesen am Pool oder in der Badewanne, robuste Speicheroptionen und eine nahtlose Integration mit der umfangreichen eBook-Bibliothek von Kindle. Egal, ob Sie klassische Romane oder die neuesten Bestseller bevorzugen, der Paperwhite gewährleistet sofortigen Zugriff auf Ihre Lieblingstitel.

Für Leser, die Wert auf Bequemlichkeit, Komfort und ein intensives Leseerlebnis legen, ist der Kindle Paperwhite der klare Gewinner. Er ist nicht nur ein E-Reader – er ist ein Tor zu grenzenloser literarischer Erkundung.

Kapitel 1

Erste Schritte

Auspacken und Ersteinrichtung

Das Auspacken Ihres Kindle Paperwhite ist ein aufregender erster Schritt in eine Welt endloser Lesemöglichkeiten. Amazon hat die Verpackung elegant und minimalistisch gestaltet, um ein reibungsloses und unkompliziertes Auspacken zu gewährleisten.

Wenn Sie die Verpackung öffnen, finden Sie den Kindle Paperwhite selbst sorgfältig darin eingebettet. Das schlanke, leichte Design des Geräts fällt sofort auf und zeigt die Handwerkskunst, die in die Entwicklung eines Premium-E-Readers eingeflossen ist. Neben dem Kindle finden Sie ein USB-Ladekabel und eine Kurzanleitung, die Ihnen den Einstieg erleichtert. Obwohl kein Netzteil im Lieferumfang enthalten ist, kann das USB-Kabel zum Aufladen an jeden Standardadapter oder USB-Anschluss angeschlossen werden.

Bevor Sie Ihr Gerät einschalten, nehmen Sie sich einen Moment Zeit, um die Schutzfolie vom Bildschirm zu entfernen. Wenn Sie fertig sind, halten Sie den Einschaltknopf am unteren Rand des Kindle gedrückt. Nach einigen Sekunden erscheint das Paperwhite-Logo und signalisiert, dass Ihr Gerät hochfährt.

Der anfängliche Einrichtungsprozess ist unkompliziert und benutzerfreundlich. Beim Einschalten des Geräts werden Sie aufgefordert, Ihre bevorzugte Sprache auszuwählen. Verbinden Sie anschließend Ihren Kindle mit einem WLAN-Netzwerk, indem Sie den Anweisungen auf dem Bildschirm folgen. Dieser Schritt ist wichtig, um Bücher herunterzuladen, Ihre Bibliothek zu synchronisieren und auf Kindle-Funktionen zuzugreifen.

Sie werden außerdem aufgefordert, sich bei Ihrem Amazon-Konto anzumelden oder ein neues Konto zu erstellen, wenn Sie es zum ersten Mal verwenden. Durch die Anmeldung wird Ihr Gerät mit Ihrer Kindle-Bibliothek verknüpft, sodass Sie sofort auf alle zuvor gekauften eBooks zugreifen können.

Schließlich haben Sie die Möglichkeit, Ihre Geräteeinstellungen wie Schriftgröße, Bildschirmhelligkeit und Designeinstellungen anzupassen. Sobald die Einrichtung abgeschlossen ist, können Sie die Funktionen Ihres Kindle Paperwhite erkunden und mit dem Aufbau Ihrer digitalen Bibliothek beginnen.

Das Auspacken und Einrichten Ihres Kindle Paperwhite ist mehr als nur eine Aufgabe – es ist der Beginn einer transformativen Lesereise.

Übersicht der Spezifikationen

Der Kindle Paperwhite ist für sein durchdachtes Design und seine fortschrittlichen Funktionen bekannt und daher bei E-Reader-Fans sehr beliebt. Nachfolgend finden Sie eine Übersicht über die wichtigsten Spezifikationen, die dieses Gerät auszeichnen:

Anzeige

- **Bildschirmtyp** : 6,8-Zoll-blendfreies Display
- **Auflösung** : 300 PPI (Pixel pro Zoll) für gestochen scharfen Text in Laserqualität
- **Beleuchtung** : Einstellbares Frontlicht mit 17 LED-Leuchten und einer Warmlichtoption für ein angenehmes Leseerlebnis bei Tag und Nacht
- **Technologie** : E-Ink Carta- Technologie für ein papierähnliches Leseerlebnis, selbst bei direkter Sonneneinstrahlung.

Entwerfen und Bauen

- **Abmessungen** : Kompakt und leicht, ideal zum Lesen mit einer Hand
- **Wasserfestigkeit** : Schutzklasse IPX8, widersteht versehentlichem Spritzwasser oder Eintauchen in Wasser, perfekt zum Lesen am Pool oder in der Badewanne
- **Materialien** : Robustes, schlankes Design mit glatter, ergonomischer Oberfläche

Leistung

- Speicher: Wahlweise 8 GB oder 32 GB, ausreichend für die Speicherung von Tausenden von Büchern, Hörbüchern oder PDFs
- Akkulaufzeit: Hält je nach Nutzung bis zu 10 Wochen mit einer einzigen Ladung
- Prozessor: Optimiert für nahtloses Umblättern und reibungslose Navigation

Konnektivität

- **Wi-Fi** : Unterstützt sowohl 2,4-GHz- als auch 5-GHz-Netzwerke für schnelle, zuverlässige Downloads

- **Optionales Mobilfunknetz** : Einige Modelle bieten kostenloses 4G LTE für Buchdownloads unterwegs

Zusätzliche Merkmale

- **Zugänglichkeit** : VoiceView-Bildschirmleseunterstützung für sehbehinderte Benutzer
- **Inhaltskompatibilität** : Unterstützt E-Books, PDFs und Hörbücher (über Bluetooth)
- **Integration** : Mühelose Synchronisierung mit Ihrem Amazon-Konto und dem Kindle-Ökosystem

Umweltfreundliches Design

Nachhaltigkeit : Hergestellt aus 60 % recyceltem Kunststoff

Diese ausgewogene Mischung aus Technologie und benutzerorientiertem Design macht den Kindle Paperwhite zu einem unverzichtbaren Gerät für Leser, die bei ihrem E-Reading-Erlebnis Wert auf Bequemlichkeit, Komfort und Innovation legen.

Kapitel 2

Grundlegende Hardware und Funktionen

Das Design des Kindle Paperwhite erkunden

Das Design des Kindle Paperwhite ist eine perfekte Mischung aus Eleganz, Funktionalität und Langlebigkeit. Jeder Aspekt seiner Konstruktion ist darauf ausgelegt, das Leseerlebnis zu verbessern, was ihn zur ersten Wahl für Buchliebhaber macht, die Wert auf Komfort und Stil legen.

Schlanke und leichte Bauweise

Der Kindle Paperwhite ist beeindruckend schlank und leicht. Er ist so konzipiert, dass er bequem zu tragen ist und stundenlang in der Hand gehalten werden kann, ohne dass es zu einer Belastung kommt. Dank seiner kompakten Größe passt er ideal in eine Tasche oder sogar eine Jackentasche, sodass Sie Ihre Bibliothek überallhin mitnehmen können.

Mattes Finish für Komfort

Das Gerät verfügt über eine matte Soft-Touch-Oberfläche, die sich nicht nur hochwertig anfühlt, sondern auch bei langen Lesesitzungen bequem in der Hand liegt. Die glatten Kanten und das minimalistische Design tragen zu seiner Ergonomie bei.

6,8-Zoll-E-Ink-Display

Das Herzstück des Designs des Kindle Paperwhite ist sein beeindruckendes 6,8-Zoll-E-Ink-Display. Der Bildschirm schließt bündig mit der Einfassung ab, was ihm ein elegantes, modernes Aussehen verleiht und gleichzeitig eine nahtlose Navigation ermöglicht. Mit einer Auflösung von 300 PPI erscheint der Text klar und deutlich und ähnelt stark der Qualität von bedrucktem Papier. Das blendfreie Display gewährleistet Lesbarkeit auch bei direkter Sonneneinstrahlung.

Einstellbare Beleuchtung

Das Gerät ist mit 17 LED-Leuchten ausgestattet, die für eine gleichmäßige Beleuchtung des Bildschirms sorgen.

Mit der zusätzlichen Warmlichteinstellung können Sie zwischen Weiß- und Bernsteintönen wechseln und so die Augen beim nächtlichen Lesen entlasten.

Wasserdichte Konstruktion

Der Kindle Paperwhite ist so konstruiert, dass er allen möglichen Situationen standhält, darunter versehentliches Spritzwasser oder vollständiges Eintauchen in Wasser. Dank seiner Wasserdichtigkeit nach IPX8 können Sie ihn bedenkenlos in der Nähe von Schwimmbädern, am Strand oder in der Badewanne verwenden.

USB-C-Anschluss zum Aufladen

Durch den integrierten USB-C-Anschluss wird das Aufladen vereinfacht und ein schnelleres, effizienteres Einschalten ermöglicht.

Minimalistische Ästhetik

Der Kindle Paperwhite verfügt über einen einzigen Einschaltknopf und ein ansonsten sauberes, knopffreies

Äußeres, was sein schlankes, übersichtliches Design unterstreicht.

Umweltfreundliche Materialien

Amazon verfolgt einen nachhaltigen Ansatz und stellt den Kindle Paperwhite aus 60 % recyceltem Kunststoff her, was ihn zu einer umweltbewussten Wahl macht.

Das durchdachte Design des Kindle Paperwhite steigert nicht nur das Leseerlebnis, sondern stellt auch die perfekte Balance zwischen Ästhetik und Funktionalität dar. Sie werden stolz sein, dieses Gerät zu besitzen und es gerne verwenden.

Informationen zu Statusanzeigen

Die Statusanzeigen des Kindle Paperwhite spielen eine entscheidende Rolle dabei, den aktuellen Zustand und die Funktionsweise des Geräts zu verstehen. Diese subtilen, aber wichtigen Signale informieren Sie über die Stromversorgung, Konnektivität und Gesamtleistung des Geräts und sorgen so für ein nahtloses Leseerlebnis.

Betriebsanzeige

Die Betriebsanzeige befindet sich neben dem Einschaltknopf und liefert wichtige Informationen zum Akku und Ladestatus Ihres Geräts:

- **Durchgängig grün** : Der Akku ist vollständig geladen.
- **Durchgängig gelb** : Das Gerät wird derzeit aufgeladen.
- **Kein Licht** : Der Kindle wird verwendet und verfügt über eine ausreichend hohe Akkuladung oder ist ausgeschaltet.
- **Blinkt gelb oder grün** : Weist auf ein mögliches Problem beim Laden oder mit dem Gerät hin.

WLAN und Netzwerkkonnektivität

In der Statusleiste auf dem Bildschirm des Kindle Paperwhite finden Sie Konnektivitätsindikatoren:

- **WLAN-Symbol** : Zeigt die Stärke der WLAN-Verbindung an. Mehr Balken bedeuten eine bessere Verbindung, was wichtig ist, wenn Sie Bücher herunterladen oder Ihre Bibliothek synchronisieren möchten.
- **Symbol für den Flugmodus** : Wird angezeigt, wenn das Gerät offline ist und durch Trennung von allen Netzwerken Akku spart.

- **4G/LTE-Anzeige (bei Mobilfunkmodellen)** : Zeigt an, wenn die Mobilfunkverbindung zum Herunterladen von Büchern unterwegs aktiv ist.

Batteriestatus

Das Batteriesymbol in der oberen rechten Ecke des Bildschirms bietet Echtzeit-Updates zur Batterielebensdauer:

- **Voll-Symbol** : Zeigt an, dass der Akku vollständig aufgeladen ist.
- **Symbol „Leerlaufen"** : Die Batterie wird verwendet; sie muss bald aufgeladen werden.
- **Warnung bei niedrigem Batteriestand** : Benachrichtigt Sie, wenn der Batteriestand einen kritischen Wert erreicht hat, und fordert Sie zum sofortigen Aufladen auf.

Fortschrittsindikatoren lesen

Während des Lesens werden Ihnen am unteren Bildschirmrand zusätzliche Anzeigen auffallen:

- **Verbleibende Zeit im Kapitel/Buch** : Eine Schätzung basierend auf Ihrer Lesegeschwindigkeit.

- **Seitenposition oder Prozentsatz abgeschlossener Seiten** : Hilft Ihnen, zu verfolgen, wo Sie sich im Buch befinden.

Software-Updates und Benachrichtigungen

Wenn Ihr Kindle ein Update benötigt oder eine Benachrichtigung hat, wird möglicherweise eine Warnung in der Statusleiste oder auf dem Startbildschirm angezeigt. Durch die Aktualisierung der Software wird eine optimale Leistung gewährleistet.

Wenn Sie diese Statusanzeigen verstehen, können Sie sich über die Funktionalität Ihres Kindle Paperwhite informieren und kleinere Probleme effektiv beheben. Mit diesem Wissen können Sie Ihr Leseerlebnis immer ohne Unterbrechungen genießen.

Kapitel 3

Einrichten Ihres Kindle Paperwhite

Schrittweise Geräteeinrichtung

Die Ersteinrichtung Ihres Kindle Paperwhite ist ein spannender Vorgang, der Sie schnell Ihre Lieblingsbücher lesen lässt. Die Einrichtung ist intuitiv und nach wenigen einfachen Schritten können Sie die umfangreiche Kindle-Bibliothek erkunden. Hier finden Sie eine ausführliche Anleitung, die Sie durch die Ersteinrichtung führt:

Schritt 1: Gerät einschalten

Halten Sie zunächst den Einschaltknopf am unteren Rand des Kindle Paperwhite gedrückt. Nach einigen Sekunden erscheint das Amazon-Logo und signalisiert, dass das Gerät eingeschaltet wird. Sobald das Gerät eingeschaltet ist, werden Sie vom Begrüßungsbildschirm begrüßt.

Schritt 2: Wählen Sie Ihre Sprache

Auf dem ersten Bildschirm werden Sie aufgefordert, Ihre bevorzugte Sprache auszuwählen. Wählen Sie einfach Ihre Sprache aus der Liste aus und tippen Sie auf „Weiter", um fortzufahren.

Schritt 3: Mit WLAN verbinden

Um Ihren Kindle verwenden zu können, benötigen Sie eine aktive WLAN-Verbindung. Wählen Sie auf dem WLAN-Einrichtungsbildschirm Ihr Netzwerk aus der verfügbaren Liste aus und geben Sie Ihr WLAN-Passwort ein. Wenn Sie sich bezüglich des Passworts nicht sicher sind, überprüfen Sie Ihren Router oder fragen Sie Ihren Netzwerkadministrator nach den Details. Eine starke Verbindung sorgt für schnellere Downloads und reibungslosere Synchronisierung.

Schritt 4: Bei Amazon-Konto anmelden

Sobald Sie mit dem WLAN verbunden sind, werden Sie auf dem nächsten Bildschirm aufgefordert, sich bei Ihrem Amazon-Konto anzumelden. Wenn Sie bereits ein Konto haben, geben Sie Ihre Anmeldeinformationen (E-Mail und Passwort) ein. Wenn Sie kein Amazon-Konto haben, können Sie während des Einrichtungsvorgangs eines erstellen. Dieser Schritt ist wichtig, da durch die Anmeldung Ihr Kindle Paperwhite mit Ihrer vorhandenen Bibliothek verknüpft wird und Sie Zugriff auf Amazons umfangreichen Katalog an E-Books, Hörbüchern und Zeitschriften erhalten.

Schritt 5 : Synchronisieren Sie Ihre Bibliothek

Nach der Anmeldung wird Ihr Kindle mit Ihrem Amazon-Konto synchronisiert und lädt automatisch alle Bücher oder Inhalte herunter, die Sie zuvor gekauft haben. Dieser Vorgang kann je nach Größe Ihrer Bibliothek und Stärke Ihrer WLAN-Verbindung einige Minuten dauern.

Schritt 6: Passen Sie Ihre Kindle-Einstellungen an

Sobald Ihr Gerät eingerichtet und synchronisiert ist, können Sie es an Ihre Lesevorlieben anpassen. Sie können Schriftgröße, Bildschirmhelligkeit und Textausrichtung anpassen. Sie können auch das Lesethema (dunkler oder heller Modus) auswählen oder Funktionen wie die Eingabehilfen von Kindle aktivieren, z. B. VoiceView für sehbehinderte Benutzer.

Schritt 7: Beginnen Sie mit dem Lesen

Jetzt, da Ihr Kindle Paperwhite vollständig eingerichtet ist, können Sie mit dem Lesen beginnen! Sie können im Kindle-Shop stöbern, kostenlose Beispielkapitel erkunden oder bereits gekaufte Bücher herunterladen. Die benutzerfreundliche Oberfläche ermöglicht Ihnen die Suche nach Büchern nach Titel, Autor oder Genre, sodass Sie ganz einfach Ihre digitale Bibliothek aufbauen können.

Mit diesen einfachen Schritten haben Sie Ihren Kindle Paperwhite nun eingerichtet und können ein nahtloses und intensives Leseerlebnis genießen. Das Gerät ist so konzipiert, dass Sie fast sofort mit dem Lesen beginnen können, ohne einen komplizierten Einrichtungsprozess. Viel Spaß mit Ihrem neuen Kindle Paperwhite und viel Spaß beim Lesen!

Netzwerkkonnektivität

Der Kindle Paperwhite bietet nahtlose Netzwerkkonnektivität, damit Sie von überall auf Ihre Bibliothek zugreifen, neue Bücher kaufen und Ihren Lesefortschritt synchronisieren können. Egal, ob Sie zu Hause, in einem Café oder auf Reisen sind: Um ein reibungsloses und unterbrechungsfreies Leseerlebnis zu gewährleisten, ist es wichtig zu wissen, wie Sie die

Netzwerkeinstellungen Ihres Geräts verbinden und verwalten. Hier finden Sie alles, was Sie über die Netzwerkkonnektivität des Kindle Paperwhite wissen müssen:

Mit WLAN verbinden

WLAN ist die primäre Methode, um Ihren Kindle Paperwhite mit dem Internet zu verbinden, und ist unverzichtbar zum Herunterladen von Büchern, Synchronisieren von Inhalten und Durchsuchen des Kindle Store.

1. **Erstmalige Verbindung** : Während der Ersteinrichtung fordert Sie der Kindle Paperwhite auf, eine Verbindung zu einem WLAN-Netzwerk herzustellen. Wählen Sie einfach Ihr Netzwerk aus der verfügbaren Liste aus, geben Sie Ihr Passwort ein und tippen Sie auf „Verbinden". Dadurch wird sichergestellt, dass Ihr Gerät für den Zugriff auf Online-Inhalte und -Dienste bereit ist.

2. **WLAN -Netzwerke verwalten** : Um die WLAN-Einstellungen zu verwalten, wischen Sie vom oberen Bildschirmrand nach unten, um auf das Menü „Schnellaktionen" zuzugreifen, und tippen Sie dann auf

das WLAN-Symbol. Von hier aus können Sie eine Verbindung zu einem neuen Netzwerk herstellen, die Verbindung zum aktuellen Netzwerk trennen oder ein Netzwerk, das Sie nicht mehr verwenden, vergessen. Wenn Sie sich in einem Bereich mit schwachem WLAN befinden, versuchen Sie, näher an den Router heranzugehen, um ein stärkeres Signal zu erhalten.

3. **WLAN-Signalstärkeanzeige** : Oben auf dem Bildschirm wird ein WLAN-Symbol angezeigt, das die Stärke der Verbindung anzeigt. Je mehr Balken angezeigt werden, desto besser ist die Verbindung. Ein starkes WLAN-Signal ist entscheidend für schnelle Downloads und eine reibungslose Synchronisierung mit Ihrem Amazon-Konto.

Verbindung über 4G (Mobilfunkmodell)

Wenn Sie den Kindle Paperwhite mit 4G LTE-Funktion besitzen, können Sie sich mit dem Netzwerk von Amazon verbinden, ohne WLAN zu benötigen. Diese Funktion ist besonders nützlich, um unterwegs Bücher herunterzuladen oder Inhalte zu synchronisieren.

Automatische Verbindung

Das 4G-Modell stellt automatisch eine Verbindung zum 4G LTE-Netzwerk her, wenn Sie sich nicht in der Nähe eines WLAN-Netzwerks befinden. Sie benötigen keinen separaten Mobilfunktarif oder Datengebühren, da Amazon kostenlosen 4G-Zugang zum Herunterladen von Kindle-Büchern bereitstellt.

Mobilfunksymbol

Bei einer Verbindung über 4G LTE wird das Mobilfunksignalsymbol in der Statusleiste oben auf dem Bildschirm angezeigt. Sie können die Stärke der Mobilfunkverbindung auf die gleiche Weise überprüfen, wie Sie das WLAN-Signal überprüfen würden.

Flugmodus

Wenn Sie alle drahtlosen Netzwerke trennen müssen, um Akku zu sparen oder Unterbrechungen zu vermeiden, können Sie den Flugmodus verwenden. Um ihn zu aktivieren, wischen Sie vom oberen Bildschirmrand nach unten und tippen Sie auf das Symbol für den Flugmodus. In diesem Modus stellt Ihr Kindle keine Verbindung zu WLAN- oder Mobilfunknetzen her, Sie können jedoch trotzdem Offline-Inhalte lesen.

Beheben von Verbindungsproblemen

Gelegentlich kann es zu Verbindungsproblemen kommen, z. B. bei der Verbindung mit dem WLAN oder bei langsamen Downloadgeschwindigkeiten. Hier sind einige gängige Lösungen:

- **Starten Sie Ihren Kindle neu** : Ein einfacher Neustart kann kleinere Verbindungsprobleme oft beheben.
- **Vergessen und erneut mit WLAN verbinden** : Gehen Sie zu Ihren WLAN-Einstellungen, vergessen Sie das aktuelle Netzwerk und stellen Sie die Verbindung erneut her, indem Sie das Passwort erneut eingeben.
- **Überprüfen Sie die Routereinstellungen** : Stellen Sie sicher, dass Ihr Router ordnungsgemäß funktioniert und keine Netzwerkausfälle vorliegen.
- **Netzwerkeinstellungen zurücksetzen** : Wenn alles andere fehlschlägt, setzen Sie die Netzwerkeinstellungen Ihres Kindle zurück und starten Sie den Verbindungsvorgang von vorne.

Mit diesen leicht verständlichen Schritten wird die Verwaltung der Netzwerkverbindung auf Ihrem Kindle Paperwhite zum Kinderspiel. Egal, ob Sie WLAN oder 4G LTE verwenden, Sie haben immer schnellen Zugriff auf den Kindle Store, Updates und Ihre Inhaltsbibliothek und können so problemlos und angenehm lesen.

Gespeicherte WLAN-Passwörter verwalten

Der Kindle Paperwhite vereinfacht Ihr Leseerlebnis, indem er Ihnen eine nahtlose Verbindung zu WLAN-Netzwerken ermöglicht. Aber was passiert, wenn Sie gespeicherte WLAN-Passwörter verwalten müssen? Ganz gleich, ob Sie an einen neuen Ort umziehen, die Verbindung zu einem Netzwerk wiederherstellen oder Verbindungsprobleme beheben: Wenn Sie wissen, wie Sie Ihre gespeicherten WLAN-Passwörter verwalten und aktualisieren, können Sie problemlos auf Ihr Kindle-Konto und die Online-Funktionen zugreifen. So können Sie Ihre gespeicherten WLAN-Passwörter auf Ihrem Kindle Paperwhite verwalten:

Gespeicherte WLAN-Netzwerke anzeigen

Ihr Kindle Paperwhite merkt sich die WLAN-Netzwerke, mit denen Sie in der Vergangenheit verbunden waren, sodass Sie automatisch eine neue Verbindung herstellen können, wenn Sie in Reichweite sind. So zeigen Sie gespeicherte WLAN-Netzwerke an und verwalten sie:

1. Rufen Sie die WLAN-Einstellungen auf : Wischen Sie vom oberen Bildschirmrand nach unten, um das Menü „Schnellaktionen" zu öffnen, und tippen Sie dann auf das WLAN-Symbol. Dadurch wird die Liste der verfügbaren Netzwerke geöffnet. Wenn Ihr Gerät mit einem Netzwerk verbunden ist, wird die aktive Verbindung oben angezeigt.

2. Gespeicherte Netzwerke verwalten : Tippen Sie unten in der Liste der verfügbaren WLAN-Netzwerke auf „**Gespeicherte Netzwerke** " oder „**WLAN-Einstellungen**" . Hier sehen Sie eine Liste aller zuvor verbundenen Netzwerke.

Ein Netzwerk vergessen

Wenn Sie nicht mehr möchten, dass Ihr Kindle Paperwhite automatisch eine Verbindung zu einem bestimmten Netzwerk herstellt, können Sie das Netzwerk vergessen. Dies ist nützlich, wenn Sie zu einem anderen WLAN-Anbieter wechseln oder keine Verbindung mehr zu einem bestimmten Netzwerk benötigen. So vergessen Sie ein Netzwerk:

1. Suchen Sie im Abschnitt „**Gespeicherte Netzwerke**" das WLAN-Netzwerk, das Sie entfernen möchten.

2. Tippen Sie auf den Netzwerknamen und wählen Sie dann „**Vergessen**" aus den Optionen.

3. Bestätigen Sie Ihre Wahl. Wenn Sie das Passwort vergessen haben, wird Ihr Kindle keine Verbindung

mehr zu diesem Netzwerk herstellen, es sei denn, Sie geben das Passwort manuell erneut ein.

Aktualisieren eines gespeicherten WLAN-Passworts

Wenn sich das Passwort für ein Netzwerk ändert (z. B. nach einem Router-Reset oder einem Passwort-Update), müssen Sie es auf Ihrem Kindle Paperwhite aktualisieren, um die Verbindung wiederherzustellen. Leider können Sie das Passwort beim Kindle Paperwhite nicht direkt aus der Liste der gespeicherten Netzwerke bearbeiten. Stattdessen müssen Sie das alte Netzwerk entfernen und die Verbindung mit dem neuen Passwort wiederherstellen:

1. Altes Netzwerk vergessen : Gehen Sie zur Liste **„Gespeicherte Netzwerke"** , wählen Sie das Netzwerk aus und wählen Sie **„Vergessen",** wie zuvor beschrieben.

2. Mit dem neuen Passwort erneut verbinden : Nachdem Sie das alte Netzwerk vergessen haben, kehren Sie zu den WLAN-Einstellungen zurück und wählen Sie das Netzwerk erneut aus. Geben Sie das neue Passwort ein, wenn Sie dazu aufgefordert werden, und Ihr Kindle speichert die neuen Anmeldeinformationen für die zukünftige Verwendung.

Verwalten mehrerer Netzwerke

Wenn Sie sich häufig zwischen verschiedenen Orten bewegen, z. B. Arbeit, Zuhause und öffentliche Orte, merkt sich Ihr Kindle Paperwhite bis zu mehrere Netzwerke gleichzeitig. In den WLAN-Einstellungen können Sie ganz einfach zwischen ihnen wechseln. Wählen Sie einfach das gewünschte Netzwerk aus der Liste aus, geben Sie bei Bedarf das Passwort ein und Ihr Kindle stellt eine Verbindung her.

Fehlerbehebung bei der Wi-Fi-Konnektivität

Wenn Sie Probleme mit Ihrem gespeicherten WLAN-Netzwerk haben, versuchen Sie Folgendes:

- **Starten Sie Ihren Kindle neu** : Ein Neustart kann Verbindungsprobleme beheben und gespeicherte Einstellungen aktualisieren.
- **Passwort erneut eingeben** : Wenn das gespeicherte Passwort nicht funktioniert, geben Sie das Passwort nach Auswahl des Netzwerks manuell erneut ein.
- **Router-Einstellungen prüfen** : Stellen Sie sicher, dass Ihr Router ordnungsgemäß funktioniert und dass es keine Signalstörungen oder -ausfälle gibt.
- **Vergessen und erneut verbinden** : Wenn bei einem gespeicherten Netzwerk anhaltende Probleme auftreten, können diese häufig behoben

werden, indem Sie es vergessen und erneut verbinden.

Kapitel 4

Navigieren auf Ihrem Kindle Paperwhite

Verwenden des Startbildschirms

Der Startbildschirm des Kindle Paperwhite ist Ihre zentrale Anlaufstelle, um durch Ihre Bibliothek zu navigieren, neue Bücher zu entdecken und Einstellungen zu verwalten. Wenn Sie wissen, wie Sie den Startbildschirm effektiv nutzen, können Sie schnell auf Ihre Inhalte zugreifen und Ihr Gerät optimal nutzen. Hier finden Sie eine ausführliche Anleitung zur Verwendung und Anpassung des Startbildschirms des Kindle Paperwhite:

Übersicht über das Layout des Startbildschirms

Beim Einschalten Ihres Kindle Paperwhite werden auf dem Startbildschirm die folgenden Hauptelemente angezeigt:

1. Obere Navigationsleiste :

- **Suchsymbol** : In der oberen linken Ecke können Sie schnell nach Büchern, Autoren oder Genres suchen.
- **Menüsymbol** : Die drei vertikalen Punkte oben rechts stellen das Menü dar, über das Sie auf die Einstellungen zugreifen, Ihr Gerät synchronisieren, Inhalte verwalten und andere Aufgaben ausführen können.
- **WLAN-Status** : Das WLAN-Symbol zeigt an, ob Sie mit einem Netzwerk verbunden sind.
- **Batteriesymbol** : Hier wird der Batteriestatus angezeigt und die verbleibende Ladung und Batterielebensdauer angegeben.

2. Bücherregal : Der Hauptbereich des Startbildschirms zeigt Ihr **Bücherregal** – eine visuell geordnete Liste der Bücher und Inhalte, die derzeit auf Ihrem Kindle gespeichert sind. Jeder Titel wird durch ein Coverbild und den Titel des Buches dargestellt. Die zuletzt geöffneten Bücher werden zuerst angezeigt. Sie können horizontal scrollen, um weitere Titel anzuzeigen, insbesondere wenn Sie eine große Bibliothek haben.

3. Lesefortschrittsbalken : Unter dem Coverbild jedes Buchs finden Sie einen Fortschrittsbalken, der anzeigt, wie weit Sie beim Lesen sind. So können Sie schnell dort weitermachen, wo Sie aufgehört haben, ohne das Buch öffnen zu müssen.

4. Sammlungen Wenn Sie Ihre Bücher in Sammlungen organisiert haben, können Sie diese als separate Abschnitte oder Gruppen auf dem Startbildschirm anzeigen. Mit dieser Funktion können Sie Bücher nach Genre, Lesestatus (z. B. „Zu lesen" oder „Lese gerade") oder anderen personalisierten Gruppierungen kategorisieren.

5. Empfehlungen und Store : Unten auf dem Startbildschirm finden Sie die Abschnitte **„Für Sie empfohlen"** und **„Entdecken"** . Diese bieten personalisierte Buchempfehlungen basierend auf Ihrem Leseverlauf. Darunter können Sie mit der Schaltfläche „Kindle Store" nach neuen Büchern, Zeitschriften und Hörbüchern suchen und diese kaufen.

Navigieren auf dem Startbildschirm

Startbildschirms des Kindle Paperwhite ist so einfach wie Tippen und Wischen:

- **Tippen Sie zum Öffnen auf ein Buch** : Tippen Sie zum Öffnen eines Buches auf den Einband im

Bücherregal. Sie gelangen sofort zur letzten gelesenen Seite.

- **Zum Durchsuchen nach links/rechts wischen** : Wischen Sie nach links oder rechts über den Bildschirm, um zwischen Büchern zu wechseln und neue Inhalte zu entdecken. Dies ist besonders nützlich, wenn Ihre Bibliothek viele Bücher enthält.

- **Langes Drücken für Optionen** : Drücken Sie lange auf einen Buchtitel, um zusätzliche Optionen anzuzeigen, z. B. das Entfernen vom Gerät, das Verwalten von Sammlungen oder das Teilen des Buchs über Goodreads oder soziale Medien.

Anpassen Ihres Startbildschirms

Sie können den Startbildschirm des Kindle Paperwhite Ihren Bedürfnissen entsprechend personalisieren:

1. Sortieren Sie Ihre Bibliothek : Im oberen Menü können Sie auswählen, wie Sie Ihre Bücher sortieren möchten. Zu den Optionen gehört das Sortieren nach Titel, Autor oder Neuestem. Sie können Bücher auch in einer Raster- oder Listenansicht anzeigen.

2. Sammlungen erstellen : Tippen Sie auf das Menüsymbol in der oberen rechten Ecke des Startbildschirms und wählen Sie **„Neue Sammlung**

erstellen", um Bücher in Kategorien zu organisieren. Sie können Bücher mehreren Sammlungen zuordnen, sodass Sie leicht finden, wonach Sie suchen.

3. Empfehlungen deaktivieren : Wenn Sie die empfohlenen Titel nicht auf dem Startbildschirm sehen möchten, können Sie diese Funktion im Menü **„Einstellungen"** unter **„Geräteoptionen"** > **„Erweiterte Optionen" deaktivieren** .

4. Synchronisieren Ihrer Inhalte : Wählen Sie über das Menüsymbol „ **Mein Kindle synchronisieren" aus,** um sicherzustellen, dass Ihre Inhalte, Notizen und Fortschritte auf allen mit Ihrem Amazon-Konto verbundenen Geräten aktualisiert werden.

Weitere wichtige Funktionen

- **Zugriff auf archivierte Bücher** : Wenn Sie ein Buch von Ihrem Kindle Paperwhite entfernt haben, können Sie über den Cloud -Bereich auf dem Startbildschirm darauf zugreifen . Tippen Sie auf das **Cloud** -Symbol, um Bücher anzuzeigen und herunterzuladen, die in Ihrem Amazon-Konto gespeichert sind, sich derzeit aber nicht auf Ihrem Gerät befinden.

- **Wechseln zwischen Geräten** : Wenn Sie zum Lesen mehrere Geräte verwenden (z. B. ein Telefon oder Tablet), wird Ihr Kindle Paperwhite mit Ihrem Amazon-Konto synchronisiert, um sicherzustellen, dass Sie dort weiterlesen können, wo Sie aufgehört haben.

Der Startbildschirm des Kindle Paperwhite ist so gestaltet, dass Sie einfachen Zugriff auf alle Ihre Inhalte haben und gleichzeitig ein personalisiertes Erlebnis genießen können. Mit wenigen Fingertipps und Wischbewegungen können Sie Ihre Bibliothek organisieren, neue Bücher entdecken und nahtloses Lesen auf mehreren Geräten genießen.

Voice-View-Bildschirmleser für Barrierefreiheit.

Der Kindle Paperwhite verfügt über eine leistungsstarke Funktion namens **VoiceView** , einen Screenreader, der die Zugänglichkeit für Benutzer mit Sehbehinderungen verbessern soll. Indem VoiceView den Text auf dem Bildschirm Ihres Kindle vorliest, können Sie mit Leichtigkeit navigieren, Bücher lesen und den Kindle Paperwhite verwenden, sodass alle Benutzer das umfassende Leseerlebnis genießen können. Hier finden Sie eine ausführliche Anleitung zum Aktivieren und Verwenden des VoiceView-Screenreaders.

Was ist VoiceView?

VoiceView ist eine integrierte Text-to-Speech-Funktion, die den auf dem Kindle Paperwhite-Bildschirm angezeigten Inhalt vorliest. Es liest nicht nur den Text Ihrer Bücher, sondern auch Menüs, Einstellungen und andere Elemente auf dem Bildschirm vor, sodass sehbehinderte Menschen leichter mit dem Gerät interagieren können. VoiceView verwendet die integrierten Lautsprecher des Geräts oder ein angeschlossenes Bluetooth-Audiogerät wie Kopfhörer oder Lautsprecher, um den Ton wiederzugeben.

VoiceView aktivieren

Um VoiceView zu aktivieren, gehen Sie folgendermaßen vor :

1. Schalten Sie Ihren Kindle Paperwhite ein : Halten Sie die Einschalttaste gedrückt, um Ihren Kindle einzuschalten.

2. Zugriff auf die Eingabehilfeneinstellungen : Wischen Sie vom oberen Bildschirmrand nach unten, um das Schnellaktionsmenü zu öffnen. Tippen Sie auf **„Einstellungen"** .

3. VoiceView aktivieren :

im Menü **„Einstellungen "** die Option **„Bedienungshilfen" aus** .

Tippen Sie im Menü „Bedienungshilfen" auf **„VoiceView Screen Reader"** und schalten Sie den Schalter auf „Ein".

Ihr Kindle Paperwhite fordert Sie zur Bestätigung auf, dass Sie VoiceView aktivieren möchten. Tippen Sie auf **„Aktivieren"** .

Sobald VoiceView aktiviert ist, wird der Text auf dem Bildschirm laut vorgelesen. Wenn Sie in einem Buch sind, beginnt das Vorlesen auf der aktuellen Seite oder Stelle.

Verwenden von VoiceView

Nachdem VoiceView aktiviert wurde, können Sie mit Ihrem Kindle Paperwhite mithilfe von Touch-Gesten und akustischem Feedback interagieren:

1. Navigieren auf dem Kindle-Bildschirm :

- **Nach rechts wischen** : Zum nächsten Element auf dem Bildschirm wechseln.

- **Nach links wischen** : Zum vorherigen Element auf dem Bildschirm wechseln.
- **Doppelt tippen** : Ein Element auswählen (z. B. ein Buch öffnen, eine Schaltfläche aktivieren).
- **Nach oben/unten wischen** : Mit diesen Gesten können Sie Einstellungen wie Lesegeschwindigkeit und Lautstärke anpassen.

2. Ein Buch lesen :

- Sobald ein Buch geöffnet ist, liest VoiceView den Text laut vor. Sie können das Vorlesen anhalten und fortsetzen, indem Sie auf den Bildschirm tippen.
- **Wischen Sie nach rechts,** um zum nächsten Absatz oder zur nächsten Seite zu gelangen, und **nach links,** um zurückzugehen.
- **VoiceView** liest sowohl den Text als auch alle Navigationselemente wie Seitenzahlen, Kapitelüberschriften und den Fortschrittsbalken vor.

3. Anpassen der Lesegeschwindigkeit :

- Wischen Sie vom oberen Bildschirmrand nach unten und tippen Sie auf „**Einstellungen**" .
- Wählen Sie „**Bedienungshilfen**" und tippen Sie dann auf „**VoiceView-Einstellungen**" .

- Hier können Sie die **Lesegeschwindigkeit** und **die Sprachauswahl anpassen** . Sie können zwischen verschiedenen verfügbaren Stimmen wählen und die Geschwindigkeit nach Ihren Wünschen ändern.

4. Navigieren in Menüs : VoiceView liest auch die Optionen und Einstellungen in Menüs vor. Wenn Sie sich beispielsweise im Kindle Store befinden, liest es die Titel und Schaltflächen vor und hilft Ihnen so, zu dem Buch zu navigieren, das Sie kaufen oder herunterladen möchten.

5. VoiceView deaktivieren : Um VoiceView zu deaktivieren, gehen Sie zurück zu **Einstellungen** > **Bedienungshilfen** > **VoiceView Screen Reader** und schalten Sie ihn aus. Sie können den Screenreader auch durch Drücken und Halten der Einschalttaste ausschalten, wenn Sie eine Pause vom Audiofeedback benötigen.

VoiceView mit Bluetooth-Geräten

Für ein intensiveres Hörerlebnis können Sie Ihren Kindle Paperwhite mit Bluetooth-Kopfhörern oder einem Lautsprecher verbinden. Dies ist besonders in lauten Umgebungen oder wenn Sie ungestört zuhören möchten, nützlich. So verbinden Sie ein Bluetooth-Gerät:

1. Gehen Sie zu den Einstellungen : Wischen Sie von oben nach unten und wählen Sie „**Einstellungen**" aus .

2. Bluetooth-Gerät koppeln : Tippen Sie auf „**Bluetooth**" und stellen Sie sicher, dass Bluetooth eingeschaltet ist. Koppeln Sie dann Ihren Kindle mit Ihren Bluetooth-Kopfhörern oder -Lautsprechern aus der Liste der verfügbaren Geräte.

Sobald die Verbindung hergestellt ist, wird VoiceView über Ihr Bluetooth-Gerät abgespielt und bietet klareren Ton für ein verbessertes Leseerlebnis.

Vorteile von VoiceView

VoiceView macht Kindle Paperwhite zu einem barrierefreien Gerät für blinde oder sehbehinderte Benutzer. Einige der wichtigsten Vorteile sind:

- **Selbstständiges Lesen** : Benutzer können ihre E-Books ohne zusätzliche Hilfe laut vorlesen.
- **Navigieren im Inhalt** : Die Möglichkeit, durch die Kindle-Oberfläche und den Inhalt zu navigieren, erleichtert das Erkunden, Durchsuchen und Lesen von Büchern.
- **Zugriff überall** : Ob zu Hause, im Bus oder im Park, Benutzer können das Lesen über VoiceView genießen, das nahtlos sowohl mit Wi-

Fi- als auch mit Mobilfunkmodellen des Kindle Paperwhite funktioniert.

VoiceView eröffnet eine Welt voller Möglichkeiten für Benutzer mit Sehbehinderungen und macht den Kindle Paperwhite zu einem integrativen und vielseitigen Gerät. Indem Sie den Screenreader aktivieren, Einstellungen anpassen und die Gesten lernen, können Sie ein vollständig immersives Leseerlebnis genießen. Egal, ob Sie in Ihrer Bibliothek navigieren, ein Buch lesen oder neue Titel entdecken, VoiceView bietet ein unschätzbares Werkzeug für Barrierefreiheit und Vergnügen.

In einem Buch navigieren

Die Navigation durch ein Buch auf dem Kindle Paperwhite ist intuitiv und benutzerfreundlich gestaltet, sodass Sie problemlos durch Seiten, Kapitel und Abschnitte blättern können, ohne Ihre Stelle zu verlieren. Egal, ob Sie nach einem bestimmten Teil des Textes suchen, zu einem neuen Kapitel springen möchten oder eine Weile lesen und eine Pause einlegen möchten, der Kindle Paperwhite bietet mehrere praktische Funktionen, die Ihr Leseerlebnis verbessern. So navigieren Sie durch ein Buch auf dem Kindle Paperwhite:

Grundlegende Seitennavigation

Sobald Sie ein Buch geöffnet haben, stehen Ihnen die folgenden Navigationsmethoden zur Verfügung:

1. **Wischen oder tippen, um Seiten umzublättern** : Die gängigste Methode zum Navigieren in einem Buch ist, nach links oder rechts zu **wischen , um zwischen den Seiten zu wechseln. Alternativ können Sie auf die rechte Seite des Bildschirms tippen** , um eine Seite vorwärts zu blättern, oder auf die linke Seite, um zur vorherigen Seite zurückzukehren. Dies ist die primäre Methode, um durch den Inhalt zu navigieren, wenn Sie einfach von Anfang bis Ende lesen.

2. **Verwenden des Fortschrittsbalkens** : Unten auf dem Bildschirm sehen Sie einen Fortschrittsbalken, der Ihre aktuelle Position im Buch anzeigt. Tippen Sie auf den Fortschrittsbalken, um eine detaillierte Ansicht des aktuellen Kapitels und einen Schieberegler anzuzeigen, mit dem Sie schnell zu einer bestimmten Stelle im Buch springen können. Dies ist besonders hilfreich, wenn Sie vorwärts oder rückwärts zu einem bestimmten Punkt

springen möchten, ohne durch jede Seite wischen zu müssen.

3. **Seitenzahlen und Position** : Kindle Paperwhite bietet zwei Möglichkeiten, Ihren Fortschritt zu verfolgen: **Seitenzahlen** (sofern das Buch diese enthält) oder **Position** . Die Seitenzahlen sind herkömmliche Referenzen, während Positionsnummern dem Kindle-Format eigen sind. Beide werden je nach Ihren Einstellungen oben oder unten auf dem Bildschirm angezeigt. Wenn Sie eine der beiden bevorzugen, können Sie in den **Leseeinstellungen zwischen ihnen wechseln** .

Navigieren in Kapiteln und Abschnitten

So wechseln Sie einfach zwischen verschiedenen Teilen des Buches:

1. **Gehe zu-Schaltfläche** : Mit der **Gehe zu-**Schaltfläche können Sie schnell und einfach zu bestimmten Kapiteln, Abschnitten oder Stellen im Buch navigieren. Tippen Sie oben auf den Bildschirm, um das Menü aufzurufen, und wählen Sie dann **Gehe zu aus** . Ihnen werden mehrere Optionen angezeigt:

- **Inhaltsverzeichnis** : Springen Sie schnell zum Anfang eines beliebigen Kapitels.

- **Ort** : Geben Sie einen bestimmten Ort oder eine Kapitelnummer ein, um direkt dorthin zu gelangen.
- **Lesezeichen** : Wenn Sie bestimmte Teile des Buches mit Lesezeichen versehen haben, können Sie direkt zu diesen Stellen springen.
- **Suchen** : Suchen Sie im Buch nach einem bestimmten Wort, einer bestimmten Phrase oder einem bestimmten Kapitel.

2. **Verwenden des Inhaltsverzeichnisses** : Bei Büchern mit einem **Inhaltsverzeichnis** können Sie über das Menü **„Gehe zu " darauf zugreifen** . Dies ist besonders hilfreich bei Nachschlagewerken oder Romanen mit mehreren Kapiteln, da Sie schnell zu einem bestimmten Kapitel, Abschnitt oder Teil des Buches navigieren können. Tippen Sie einfach auf einen Kapiteltitel, um direkt zu diesem Abschnitt des Buches zu gelangen.

Lesezeichen und Markierungen

Auf dem Kindle Paperwhite können Sie wichtige Passagen markieren, um später ganz einfach darauf zurückzukommen:

1. **Seiten mit Lesezeichen versehen** : Um eine Seite mit einem Lesezeichen zu versehen, tippen Sie oben auf den Bildschirm, um das Menü zu öffnen, und wählen Sie dann **Lesezeichen aus** . Auf der Seite wird ein kleines

Symbol angezeigt, das anzeigt, dass sie markiert wurde. Sie können auf alle Ihre Lesezeichen zugreifen, indem Sie zum Menü **Gehe zu gehen und Lesezeichen** auswählen .

2. **Text markieren** : Wenn Sie auf eine Passage stoßen, die Sie sich merken oder mit einer Anmerkung versehen möchten, können Sie Text markieren, indem Sie auf ein Wort tippen und es gedrückt halten und dann ziehen, um die gewünschte Passage auszuwählen. Anschließend wird ein Menü mit Optionen zum Markieren, Hinzufügen einer Notiz oder Teilen der Passage angezeigt. Sie können alle Ihre Markierungen anzeigen, indem Sie im **Menü „Gehe zu" auf den Abschnitt „Ihre Notizen und Markierungen" zugreifen** .

Verwenden des Kindle Page Flip

Kindle Page Flip ist eine nützliche Funktion, mit der Sie in einem Buch blättern und dabei Ihre Stelle behalten können. Mit dieser Funktion können Sie durch die Seiten blättern, ohne Ihre Stelle zu verlieren:

1. **Page Flip aktivieren** : Tippen Sie oben auf den Bildschirm, um das Menü aufzurufen, und wählen Sie **Page Flip aus** . Sobald die Funktion aktiviert ist, können Sie durch die Seiten blättern, ohne Ihre aktuelle Position im Buch zu verlieren. Auf dem Bildschirm wird eine Minivorschau jeder Seite angezeigt, sodass Sie den Text

leichter überfliegen können. Wenn Sie den gesuchten Abschnitt gefunden haben, tippen Sie auf die Seite, um zu Ihrer vorherigen Position zurückzukehren.

2. **Eine bestimmte Seite genau anvisieren** : Wenn Sie im **PageFlip-Modus sind** , können Sie auch die Funktion **„Gehe zu "** **verwenden** , um direkt zu einer beliebigen Seite, einem beliebigen Kapitel oder einer beliebigen Stelle im Buch zu navigieren.

Lesetools zur einfachen Navigation

Der Kindle Paperwhite enthält zusätzliche Tools, die die Navigation in Ihrem Buch noch komfortabler machen:

1. **Textgröße und Layout** : Wenn Sie Schwierigkeiten beim Lesen haben, können Sie Textgröße, Schriftart und Zeilenabstand anpassen, indem Sie oben auf den Bildschirm tippen, um das Menü **Aa** (Schriftart) aufzurufen. So können Sie das Leseerlebnis Ihren Wünschen entsprechend anpassen.

2. **Nachtmodus** : Wer lieber bei schwachem Licht liest, kann **den Nachtmodus aktivieren, indem er in den Leseeinstellungen** die Helligkeit anpasst oder den dunklen Hintergrund auswählt . Dies verringert die Augenbelastung und verbessert die Sichtbarkeit in dunklen Umgebungen.

3. **X-Ray-Funktion** : Die **X-Ray** -Funktion ist für viele Bücher verfügbar und bietet eine Möglichkeit, tiefer in die im Buch erwähnten Charaktere, Begriffe und Konzepte einzutauchen. Sie können X-Ray über das Menü **„Gehe zu" aufrufen** , um detaillierte Informationen zu bestimmten Themen anzuzeigen.

Navigieren mit Kindle Page Flip und der Schaltfläche „Gehe zu "

Page Flip und die Schaltfläche **„Gehe zu "** sind leistungsstarke Tools, mit denen Sie ein Buch erkunden können, ohne Ihren Lesefluss zu unterbrechen. Während Page Flip eine intuitive Möglichkeit bietet, visuell durch Seiten und Abschnitte zu blättern, bietet die Schaltfläche **„Gehe zu"** direkten Zugriff auf Kapitel, Stellen und bestimmte Lesezeichen für eine präzisere Navigation. Zusammen helfen sie Ihnen, sich auf die effizienteste und persönlichste Weise mit Ihrem Buch zu beschäftigen.

Verwenden des Kindle Page Flip

Kindle Page Flip ist eine leistungsstarke und praktische Funktion, mit der Sie durch Ihre eBooks navigieren können, ohne die Stelle zu verlieren. Egal, ob Sie einen bestimmten Abschnitt eines Buches überfliegen, zwei Textteile vergleichen oder einfach nur blättern, Page Flip macht den Vorgang reibungslos und intuitiv. So verwenden Sie die Page Flip-Funktion des Kindle Paperwhite effektiv:

Was ist Kindle Page Flip?

Page Flip ist eine Funktion, mit der Sie durch die Seiten eines Buches „blättern" können, während Sie Ihre aktuelle Leseposition beibehalten. Sie bietet eine Minivorschau der Seiten, durch die Sie navigieren, sodass Sie problemlos zwischen Abschnitten springen können, ohne Ihre Stelle zu verlieren. Dies ist besonders nützlich, wenn Sie nach einer bestimmten Information suchen oder eine zuvor gelesene Passage erneut aufrufen, ohne wiederholt hin- und herblättern zu müssen.

Kindle Page Flip aktivieren

Um Page Flip zu verwenden, folgen Sie diesen einfachen Schritten:

1. Öffnen Sie ein Buch : Öffnen Sie zunächst ein beliebiges eBook auf Ihrem Kindle Paperwhite.

2. PageFlip aktivieren :

- Tippen Sie oben auf **den Bildschirm,** um die Symbolleiste anzuzeigen.
- Wählen Sie das **Symbol „Umblättern"** (dargestellt durch einen kleinen runden Pfeil oder ein Seitensymbol). Dadurch wird die Funktion „Umblättern" aktiviert, mit der Sie frei durch die Seiten des Buches blättern können und dabei Ihre aktuelle Position beibehalten.

Sobald diese Funktion aktiviert ist, wird unten auf dem Bildschirm eine Minivorschau der Seiten angezeigt, die Sie gerade durchblättern. Mithilfe dieser Miniaturansichten können Sie den Inhalt schnell durchsuchen und den gewünschten Abschnitt finden.

Navigieren mit PageFlip

Sobald Page Flip aktiviert ist, können Sie auf verschiedene Arten problemlos durch Ihr Buch navigieren:

1. Wischen oder tippen Sie zum Durchsuchen :

- Wischen Sie nach links oder rechts, um durch die Seiten des Buches zu blättern.
- Wenn Sie durch die Seiten wischen, wird in den Mini-Miniaturansichten unten auf dem

Bildschirm eine Vorschau der nächsten oder vorherigen Seiten angezeigt.

- Tippen Sie auf eine Miniaturansicht, um direkt zu dieser Seite zu springen. So können Sie schnell verschiedene Teile des Buches durchblättern, ohne jede Seite durchblättern zu müssen.

2. Zwischen Kapiteln wechseln : Sie können auch Page Flip verwenden, um schnell zwischen den Kapiteln zu navigieren. Wenn Sie wischen, führt Sie der Kindle Paperwhite durch die Seiten des aktuellen Kapitels, Sie können aber auch einfach zum nächsten Kapitel springen, indem Sie zum Ende des Kapitels wischen. Die Miniaturansichten werden beim Bewegen aktualisiert, sodass Sie klar sehen, wo Sie sich im Buch befinden.

3. Bestimmte Seiten suchen : Wenn Sie direkt zu einer bestimmten Stelle im Buch gehen möchten, können Sie oben auf dem Bildschirm auf die Schaltfläche **„Gehe zu" tippen** und die Seite oder das Kapitel auswählen, zu dem Sie springen möchten. Sobald Sie im gewünschten Abschnitt sind, können Sie mit der Funktion „Page Flip" weiter durch die Seiten blättern.

Funktionen von Page Flip

1. Mini-Vorschau : Einer der Hauptvorteile von Page Flip ist die Mini-Vorschau am unteren Bildschirmrand. Diese kleinen Miniaturansichten zeigen Ihnen, wo Sie sich im Buch befinden, und helfen Ihnen, sich schnell zurechtzufinden. Sie bieten eine visuelle Darstellung der Seiten, die Sie durchblättern, und erleichtern so das Überfliegen des Inhalts, ohne sich auf ganze Seiten festlegen zu müssen.

2. Die Stelle behalten : Wenn Sie Page Flip verwenden, wird Ihre aktuelle Position mit einem kleinen Indikator markiert, sodass Sie nahtlos dorthin zurückspringen können, wo Sie aufgehört haben, nachdem Sie andere Teile des Buches durchgeblättert haben. So wird sichergestellt, dass Sie nie die Stelle verlieren, an der Sie aufgehört haben, selbst wenn Sie mehrere Seiten oder Kapitel durchblättern.

3. Text vergrößern : Wenn Sie eine Seitenvorschau ansehen und kleineren Text lesen müssen, können Sie die Mini-Miniaturansichten **vergrößern** , um eine klarere Ansicht zu erhalten. So können Sie den Kontext des Textes leichter erfassen, bevor Sie zu Ihrer aktuellen Leseposition zurückkehren.

Vorteile von Kindle Page Flip

- **Effiziente Navigation** : Mit Page Flip navigieren Sie mühelos durch dicke Bücher, Sachbücher und Lehrbücher, ohne hin- und herwischen oder manuell nach bestimmten Seiten suchen zu müssen.
- **Text vergleichen** : Wenn Sie eine Passage vergleichen oder eine Referenz herausfinden müssen, können Sie mit Page Flip mehrere Seiten gleichzeitig anzeigen, ohne Ihre aktuelle Position zu verlieren. Dies ist perfekt zum Lesen und Lernen.
- **Zeitsparend** : Anstatt hin und her zu blättern, um einen bestimmten Abschnitt zu finden, können Sie mit Page Flip direkt zwischen Textteilen springen und so Zeit und Mühe sparen.
- **Keine Unterbrechungen beim Lesen** : Einer der größten Vorzüge von Page Flip ist, dass Ihr Leseerlebnis nicht gestört wird. Sie können schnell zwischen den Abschnitten hin- und herspringen und ohne Frustration dorthin zurückkehren, wo Sie aufgehört haben.

PageFlip deaktivieren

Wenn Sie mit Page Flip fertig sind, tippen Sie einfach auf den **Zurück-Pfeil** oder **die Beenden-Schaltfläche,** um es zu deaktivieren und zur normalen Leseansicht zurückzukehren. Der Kindle Paperwhite kehrt in den normalen Umblättermodus zurück und Sie können ohne die Mini-Miniaturansichten unten weiterlesen.

Navigieren mit der Schaltfläche „Gehe zu"

Die **Schaltfläche „Gehe zu"** ist eine unglaublich nützliche Funktion des Kindle Paperwhite, mit der Sie schnell zu einer bestimmten Stelle, einem bestimmten Kapitel oder Abschnitt eines Buches navigieren können, ohne durch mehrere Seiten blättern zu müssen. Egal, ob Sie nach einem bestimmten Kapitel, einer mit Lesezeichen versehenen Seite oder sogar einer bestimmten Stelle im Text suchen, die Schaltfläche „Gehe zu" vereinfacht den Vorgang und macht es einfach und effizient, genau dorthin zu springen, wo Sie sein möchten. So nutzen Sie dieses Navigationstool optimal.

So greifen Sie auf die Schaltfläche „Gehe zu" zu

Um die Funktion **„Gehe zu " zu verwenden** , befolgen Sie diese einfachen Schritte:

1. Öffnen Sie ein Buch : Öffnen Sie zunächst das Buch, in dem Sie navigieren möchten.

2. Tippen Sie auf den oberen Bildschirmrand : Tippen Sie auf den oberen Bildschirmrand, um die **Symbolleiste anzuzeigen** .

3. Wählen Sie die Schaltfläche „Gehe zu" : In der Symbolleiste sehen Sie eine Schaltfläche mit der Bezeichnung **„Gehe zu"** . Tippen Sie darauf, um auf verschiedene Navigationsoptionen zuzugreifen.

Navigieren mit „Gehe zu"

Wenn Sie auf die Schaltfläche „Gehe zu" tippen, werden Ihnen mehrere Optionen angezeigt, mit denen Sie direkt zu einem bestimmten Teil des Buches navigieren können. Zu diesen Optionen gehören:

1. Inhaltsverzeichnis : Bei Büchern mit Inhaltsverzeichnis (z. B. Romanen oder Lehrbüchern) können Sie auf diese Option tippen, um die vollständige Liste der Kapitel und Abschnitte anzuzeigen. Von hier aus können Sie direkt zum Anfang eines beliebigen Kapitels oder Abschnitts springen. Der Kindle zeigt eine Liste mit Kapitelüberschriften an und ermöglicht es Ihnen, auf die Überschrift zu tippen, die Sie lesen möchten.

2. Standort : Wenn Sie den genauen Standort oder die Position kennen, zu der Sie springen möchten, können Sie die **Standortnummer** direkt eingeben. Jede Seite oder jeder Abschnitt in einem Kindle-Buch hat eine eindeutige Standortnummer (die sich von einer herkömmlichen Seitenzahl unterscheidet). So verwenden Sie diese Funktion:

- Tippen Sie auf das Feld „**Standort**" .
- Geben Sie die konkrete **Standortnummer ein** oder geben Sie eine ungefähre Vorstellung davon ein, wo Sie hin möchten (wenn Sie beispielsweise „25 %" eingeben, gelangen Sie ungefähr zur 25-%-Marke des Buches).
- Tippen Sie auf **Gehe zu** um zu genau diesem Punkt zu navigieren.

3. Lesezeichen : Wenn Sie bestimmte Seiten oder Passagen als **Lesezeichen markiert haben** , können Sie über das Menü „Gehe zu" direkt auf alle zugreifen . Dies ist besonders hilfreich, wenn Sie bestimmte Stellen in einem Buch erneut aufrufen möchten, beispielsweise Schlüsselszenen in einem Roman oder wichtige Passagen in einem Nachschlagewerk. Tippen Sie einfach auf „**Lesezeichen**", um eine Liste aller Ihrer gespeicherten Seiten anzuzeigen, und tippen Sie dann auf die Seite, zu der Sie zurückkehren möchten.

4. Notizen und Markierungen : Wenn Sie beim Lesen Passagen markiert oder Notizen gemacht haben, können Sie mit der Schaltfläche „Gehe zu" ganz einfach dorthin navigieren. Wenn Sie auf **Ihre Notizen und Markierungen tippen** , können Sie alle Markierungen und Anmerkungen sehen, die Sie im gesamten Buch gemacht haben. Diese Funktion eignet sich hervorragend zum Überprüfen wichtiger Konzepte, Zitate oder Passagen, auf die Sie später vielleicht noch einmal zurückkommen möchten.

5. Suchen : Eine weitere Option innerhalb der Schaltfläche „Gehe zu" ist „ **Suchen** " . Wenn Sie nach einem bestimmten Wort, einer bestimmten Phrase oder einem bestimmten Thema suchen, können Sie es eingeben und direkt zu jeder Instanz dieses Begriffs im Buch navigieren. Dies macht es einfacher denn je, eine bestimmte Referenz oder Idee zu finden, ohne durch die Seiten scrollen oder blättern zu müssen.

6. Buchende : Wenn Sie schnell zum Ende des Buches navigieren möchten, um die letzte Seite oder das letzte Kapitel anzuzeigen, können Sie im Menü „Gehe zu" die Option „ **Ende** " auswählen . Dies ist insbesondere dann nützlich, wenn Sie den Schluss eines Buches, ein Nachwort oder andere Materialien am Ende des Buches wie eine Anmerkung des Autors oder ein Register lesen.

Erweiterte Navigationsoptionen

Zusätzlich zu den Standardfunktionen der Schaltfläche „Gehe zu" gibt es einige erweiterte Optionen, die Ihr Navigationserlebnis noch weiter verbessern können:

- **Zu einem Prozentsatz springen** : Anstatt Positionsnummern zu verwenden, können Sie zu einem bestimmten **Prozentsatz** des Buchfortschritts springen. Wenn Sie beispielsweise mitten in einem langen Buch sind und zur 50-%-Marke springen möchten, geben Sie einfach „50 %" in die Positionsleiste ein und der Kindle Paperwhite bringt Sie dorthin.
- **Seitenzahlen (in unterstützten Büchern)** : Bei Büchern mit herkömmlicher Seitennummerierung können Sie auch nach **Seitenzahlen navigieren** . Wenn Sie lieber Seitenzahlen statt Positionen verwenden möchten, können Sie diese Option in den Einstellungen des Kindle Paperwhite (unter **Leseoptionen**) auswählen und nach Seitenzahlen navigieren.

Warum die Schaltfläche „Gehe zu" verwenden?

Die Funktion „Gehe zu" spart Zeit und ermöglicht es Ihnen, **direkt** zu den Inhalten zu springen, die Sie am meisten interessieren. Hier sind einige Vorteile der Verwendung der Schaltfläche „Gehe zu":

1. Schneller Zugriff auf bestimmte Abschnitte : Anstatt durch mehrere Seiten oder Kapitel zu wischen, können Sie direkt zu dem Inhalt springen, den Sie lesen möchten. Dies macht es viel einfacher, bestimmte Abschnitte zu erkunden oder Ihre Markierungen durchzusehen.

2. Effizient für Studium und Recherche : Die Schaltfläche „Gehe zu" ist besonders nützlich für Nachschlagewerke, Lehrbücher oder Sachbücher, in denen Sie möglicherweise Informationen nachschlagen oder wichtige Abschnitte erneut aufrufen müssen. Mithilfe der Optionen **„Suchen"** , **„Notizen"** und **„Hervorhebungen"** können Sie effizient zwischen wichtigen Abschnitten wechseln, ohne manuell scrollen oder danach suchen zu müssen.

3. Bessere Organisation : Wenn Sie ein Buch mit einer komplexen Struktur oder vielen Kapiteln lesen, erleichtert Ihnen die **Inhaltsverzeichnisfunktion** in der Schaltfläche „Gehe zu" die Navigation, selbst wenn Sie ein Buch nicht linear lesen.

4. Schnelle Navigation zum erneuten Lesen : Wenn Sie einen bestimmten Teil eines Buches erneut lesen möchten, sei es eine denkwürdige Szene, ein wichtiger Dialog oder ein entscheidender Moment, können Sie mit der Funktion „Gehe zu" ohne Zeitverlust genau die Stelle finden, an der Sie aufgehört haben.

Kapitel 5

Verbessern Sie Ihr Leseerlebnis

Anpassen von Schriftart, Helligkeit und Designs

Eines der herausragenden Merkmale des Kindle Paperwhite ist seine **Anpassbarkeit** , mit der Sie Schriftart, Helligkeit und Themen an Ihre persönlichen Lesevorlieben anpassen können. Egal, ob Sie bei hellem Sonnenlicht oder schwacher Beleuchtung lesen oder ob Sie bestimmte Schriftart- und Themenvorlieben haben, diese Einstellungen sorgen dafür, dass Ihr Leseerlebnis so angenehm wie möglich ist.

Anpassen von Schriftstil und -größe

Beim Kindle Paperwhite haben Sie die volle Kontrolle über **Schriftstil** und **Schriftgröße** und können den Text nach Ihren Wünschen anpassen. Dies ist besonders für

Leser mit optischen Vorlieben oder bestimmten
Lesegewohnheiten von Vorteil.

- **Schriftstil ändern** : Um den Schriftstil zu
  ändern, tippen Sie während des Lesens auf den
  oberen Bildschirmrand, um die Symbolleiste
  einzublenden. Tippen Sie dort auf das **Aa** -
  Symbol, um die Schriftart- und Layoutoptionen
  zu öffnen. Hier können Sie aus einer Vielzahl
  von Schriftarten wählen, darunter auch Optionen,
  die auf Lesbarkeit ausgelegt sind, wie **Bookerly**
  und **Amazon Ember** . Jede Schriftart ist auf ein
  optimales Leseerlebnis ausgelegt und Sie können
  je nach Ihren persönlichen Vorlieben problemlos
  zwischen ihnen wechseln.
- **Anpassen der Schriftgröße** : Im selben **Aa** -
  Menü können Sie die **Schriftgröße anpassen** ,
  indem Sie die Skala von kleiner auf größer
  verschieben. Ob Sie nun einen kompakteren Text
  für längere Lesesitzungen oder einen größeren
  Text für einfacheres Lesen bevorzugen, diese
  Funktion stellt sicher, dass die Schriftart Ihren
  Anforderungen entspricht. Größere Schriftarten
  sind besonders nützlich für Leser mit
  Sehbehinderungen oder alle, die ihre Augen
  weniger belasten möchten.

- **Zeilenabstand und Ränder ändern** : Neben der Anpassung von Schriftgröße und -stil können Sie beim Kindle Paperwhite auch den **Zeilenabstand** und **die Ränder ändern** . Sie können aus mehreren Optionen wählen, z. B. engere oder breitere Linien, und die Breite der Ränder an Ihre Lesevorlieben anpassen. Dadurch wird sichergestellt, dass der Text genau so angezeigt wird, wie Sie ihn mögen, und das Lesen über längere Zeiträume wird einfacher und angenehmer.

Anpassen der Helligkeit

Eines der Hauptmerkmale des Kindle Paperwhite ist das **eingebaute Frontlicht** , das Ihnen bei allen Lichtverhältnissen bequemes Lesen ermöglicht. Egal, ob Sie an einem sonnigen Tag im Freien oder in einem schwach beleuchteten Raum sind, Sie können die Helligkeit an Ihre Umgebung anpassen.

- **Automatische Helligkeitsanpassung** : Der Kindle Paperwhite verfügt über **eine adaptive Helligkeit** , die die Bildschirmhelligkeit automatisch an das Umgebungslicht anpasst. Dadurch wird sichergestellt, dass der Bildschirm lesbar bleibt, ohne dass Ihre Augen belastet werden. Wenn Sie jedoch mehr Kontrolle wünschen, können Sie diese Funktion deaktivieren und die Helligkeit manuell anpassen.

- **Manuelle Helligkeitsregelung** : Um die Helligkeit manuell anzupassen, tippen Sie einfach auf den oberen Bildschirmrand, um die Symbolleiste anzuzeigen. In der Symbolleiste finden Sie ein **Helligkeitssymbol** (ein Sonnensymbol), mit dem Sie die Helligkeitsregelung nach oben oder unten schieben können. Erhöhen Sie die Helligkeit für gut beleuchtete Umgebungen oder verringern Sie sie zum Lesen nachts oder in dunkleren Umgebungen. Der Kindle Paperwhite sorgt außerdem dafür, dass die Helligkeit auf dem gesamten Bildschirm gleichmäßig ist, sodass ein konsistentes Leseerlebnis ohne Hotspots oder Blendeffekte gewährleistet ist.

Ein Thema auswählen

Der Kindle Paperwhite bietet anpassbare **Designs** , um Ihren Lesekomfort noch weiter zu verbessern. Diese Designs ändern die Hintergrund- und Textfarben, um sie an unterschiedliche Lichtverhältnisse oder Ihre persönlichen Vorlieben anzupassen.

- **Heller Modus** : Die Standardeinstellung ist der **Helle Modus** , bei dem schwarzer Text auf weißem Hintergrund angezeigt wird. Dies ist ideal für helle Umgebungen, wie zum Beispiel zum Lesen im Freien oder tagsüber. Die Anzeige ist scharf, klar und für die meisten Leser vertraut.

- **Dunkelmodus** : Zum Lesen bei Nacht oder bei schlechten Lichtverhältnissen kehrt **der Dunkelmodus** das Farbschema um, mit weißem Text auf schwarzem Hintergrund. Dieser Modus reduziert die Belastung Ihrer Augen und kann das Lesen in dunklen Umgebungen angenehmer machen. Außerdem hilft er, die Akkulaufzeit zu verlängern, wenn das Frontlicht gedimmt wird.

- **Anpassen von Designs** : Um zwischen diesen Designs zu wechseln, tippen Sie beim Lesen einfach auf das **Aa** -Symbol, um auf die Schriftart- und Layouteinstellungen zuzugreifen. Von dort aus können Sie je nach Wunsch zwischen Hell- und Dunkelmodus wechseln. Sie können auch die Schriftgröße und den Zeilenabstand für jedes Design anpassen, sodass Sie das perfekte Lese-Setup erstellen können.

Andere Anzeigefunktionen

Neben den Anpassungen von Schriftart, Helligkeit und Design bietet der Kindle Paperwhite einige zusätzliche Anzeigeoptionen, die Ihr Leseerlebnis verbessern können:

- **Ausrichtungssperre** : Der Kindle Paperwhite passt die Bildschirmausrichtung automatisch von **Hoch- auf Querformat an** , wenn Sie das Gerät drehen. Wenn Sie die Ausrichtung lieber in einer Position beibehalten möchten, können Sie die automatische Drehung in den Einstellungen deaktivieren, sodass sich der Bildschirm nicht verschiebt, wenn Sie die Position des Geräts ändern.

- **Seitenaktualisierung : Beim Kindle Paperwhite können Sie auch die Seitenaktualisierungsrate** anpassen , um sicherzustellen, dass Text und Bilder auf dem Bildschirm scharf und klar bleiben. Sie können das Gerät so einstellen, dass die Seite bei jedem Umblättern aktualisiert wird, oder es je nach Wunsch weniger häufig aktualisieren lassen. Dies ist besonders nützlich für Leser, die Ghosting (schwache Spuren von vorherigen Seiten) vermeiden möchten.

Vokabeltrainer und Word Wise verwenden

Der Kindle Paperwhite ist nicht nur ein E-Reader, sondern auch ein leistungsstarkes Tool zur Erweiterung

Ihres Wortschatzes und zur Verbesserung Ihres Leseerlebnisses. Zwei wichtige Funktionen, die dies unterstützen, sind **der Vokabeltrainer** und **Word Wise** . Diese Funktionen erleichtern das Verstehen und Erinnern neuer Wörter beim Lesen und helfen Ihnen, Ihre Sprachkenntnisse zu erweitern, ohne Ihren Lesefluss zu unterbrechen.

Vokabeltrainer

der **Vokabeltrainer-** Funktion des Kindle Paperwhite können Sie ein personalisiertes Wörterbuch mit Wörtern erstellen, die Sie beim Lesen nachgeschlagen haben. Mit diesem Tool können Sie nicht nur neue Wörter entdecken, sondern sie auch wieder aufrufen, um sie besser zu behalten und zu verstehen. So nutzen Sie diese Funktion optimal:

- **Automatisches Nachverfolgen : Jedes Mal, wenn Sie ein Wort im Wörterbuch** des Kindle Paperwhite nachschlagen , wird dieses Wort automatisch dem **Vokabeltrainer hinzugefügt** . Das ist besonders nützlich, wenn Sie beim Lesen auf unbekannte Wörter oder Fachbegriffe stoßen. Anstatt sich das Wort merken oder später erneut nachschlagen zu müssen, speichert der Vokabeltrainer es für Sie.
- **Wiederholen und Lernen** : Um auf Ihren Vokabeltrainer zuzugreifen, tippen Sie auf die

Menüschaltfläche und wählen Sie „**Vokabeltrainer**" . Sie sehen eine Liste der Wörter, die Sie nachgeschlagen haben, sowie deren Definitionen. Mit dieser Funktion können Sie sich auch selbst zu diesen Wörtern testen, indem Sie das Wort anzeigen und dann die Definition ausblenden. Sie können auf das Wort tippen, um die Bedeutung anzuzeigen und so den Wortschatz in Ihrem Gedächtnis zu festigen. Dies macht das Lernen interaktiver und hilft Ihnen, Ihren Wortschatz mit der Zeit besser zu behalten.

- **Verteilte Wiederholung** : Um Ihnen das Behalten dieser neuen Wörter zu erleichtern, verwendet der Vokabeltrainer eine Technik namens „ **verteilte Wiederholung**" . Bei dieser Methode werden die Wörter, die Sie gelernt haben, in Intervallen wiederholt, wobei die Zeit zwischen den Wiederholungen allmählich erhöht wird. Die Idee besteht darin, das Wort vom Kurzzeitgedächtnis ins Langzeitgedächtnis zu übertragen und so Ihre Fähigkeit zu verbessern, sich an das Wort zu erinnern und es in verschiedenen Kontexten zu verwenden.

- **Integration mit Kindle** : Der Vocabulary Builder ist vollständig in Ihr Kindle-Erlebnis integriert. Sie müssen also nur beim Lesen Wörter nachschlagen und die Funktion fügt sie automatisch zu Ihrer Vokabelliste hinzu. Diese nahtlose Integration stellt sicher, dass Sie sich auf das Lesen konzentrieren können, ohne Ihren Lernfortschritt zu unterbrechen.

Wortweise

Word Wise ist eine weitere Funktion, die Ihnen hilft, Ihr Verständnis der Sprache eines Buches zu verbessern. Sie ist besonders nützlich für Leser, die Bücher mit komplexem Vokabular lesen oder eine neue Sprache lernen. Word Wise bietet einfache Definitionen oder Erklärungen für schwierige Wörter direkt über dem Text, während Sie lesen.

- **So funktioniert es** : Wenn Sie Word Wise aktivieren, werden über dem Text kurze und einfache **Definitionen oder Synonyme** für schwierige Wörter angezeigt. Diese Definitionen sind präzise und leicht verständlich und bieten gerade genug Kontext , um Ihnen beim Verstehen des Wortes zu helfen, ohne Ihren Lesefluss zu unterbrechen. Wenn Sie beispielsweise auf ein Wort wie „vergänglich" stoßen, wird darüber möglicherweise eine kurze Definition wie „nur für sehr kurze Zeit andauernd" angezeigt.
- **Anpassbarer Schwierigkeitsgrad** : Mit Word Wise können Sie den Grad der Hilfe steuern, den Sie möchten. Sie können Word Wise ein- oder ausschalten und den Schwierigkeitsgrad

anpassen, wenn Sie eine einfachere oder ausführlichere Erklärung bevorzugen. Im Menü „**Einstellungen** " finden Sie Optionen, mit denen Sie die Häufigkeit der Definitionen anpassen oder sie je nach Bedarf komplexer gestalten können.

- **Funktioniert für mehrere Sprachen** : Word Wise ist nicht nur für Bücher in Englisch nützlich; es unterstützt auch mehrere andere Sprachen, darunter Spanisch, Französisch, Deutsch, Italienisch und mehr. Wenn Sie ein Buch in einer Fremdsprache lesen oder eine neue Sprache lernen, kann Word Wise sofortige Übersetzungen oder vereinfachte Erklärungen anbieten, wodurch das Verständnis unbekannter Wörter erleichtert wird.

- **Verbesserter Lesefluss** : Einer der besten Aspekte von Word Wise ist, dass es den Lesefluss nicht unterbricht. Definitionen erscheinen in kleinem, unaufdringlichem Text direkt über dem Wort, sodass Sie Ihre Augen auf der Seite behalten und trotzdem die benötigten Informationen erhalten können. Dies minimiert Unterbrechungen und hilft Ihnen, in das Buch einzutauchen.

- **So aktivieren Sie Word Wise** : Um Word Wise zu aktivieren, gehen Sie einfach zum Menü „**Einstellungen**" , wählen Sie „**Leseoptionen**" und schalten Sie die **Word Wise-** Einstellung ein oder aus. Sie können auch den Schwierigkeitsgrad der Erklärungen anpassen, indem Sie das Maß der Unterstützung einstellen, die Sie erhalten.

> **Kombinieren Sie beide Funktionen für maximalen Nutzen**

den Vokabeltrainer und **Word Wise** gemeinsam verwenden , können Sie Ihr Verständnis und Ihre Erinnerung an neuen Wortschatz deutlich verbessern. Während Sie lesen, bietet Word Wise sofort Definitionen für schwierige Wörter, sodass Sie weiterlesen können, ohne an Schwung zu verlieren. Wenn Sie diese Wörter dann zu Ihrem **Vokabeltrainer hinzufügen** , können Sie sie später wiederholen und festigen und so Ihren Wortschatz mit der Zeit verbessern.

Und da beide Funktionen nahtlos in den Kindle Paperwhite integriert sind, beeinträchtigen sie Ihr Leseerlebnis nicht. Sie können sich ganz auf Ihr Buch konzentrieren und gleichzeitig mühelos Ihren Wortschatz erweitern.

Der Kindle Paperwhite ist so konzipiert, dass Ihr Leseerlebnis nicht nur angenehm, sondern auch interaktiv und produktiv ist. Eine der leistungsstärksten Funktionen des Kindle Paperwhite ist die Möglichkeit , **Text hervorzuheben** , **Notizen zu machen** und **Seiten mit Lesezeichen zu versehen** . Diese Funktionen sind besonders nützlich für Leser, die sich mit dem Material beschäftigen möchten , sei es zur persönlichen Reflexion, zum Lernen oder als Referenz. Hier finden Sie eine detaillierte Beschreibung, wie Sie diese Tools effektiv nutzen können:

Text hervorheben

Hervorheben ist eine der einfachsten Möglichkeiten, wichtige Abschnitte eines Buches zu markieren, die Sie später noch einmal lesen möchten. Egal, ob Sie zum Vergnügen oder zum Lernen lesen, Hervorheben hilft Ihnen dabei, wichtige Ideen, Zitate oder Passagen einfach festzuhalten.

- **So markieren Sie** : Um Text auf Ihrem Kindle Paperwhite hervorzuheben, tippen Sie einfach auf das erste Wort der Passage, die Sie hervorheben möchten, und halten Sie es gedrückt. Ziehen Sie dann Ihren Finger über den Bildschirm, um den gewünschten Text auszuwählen. Sobald der Text ausgewählt ist, wird in der Symbolleiste eine **Markierungsoption** angezeigt. Tippen Sie auf die Schaltfläche „Hervorheben", und der Text wird markiert.

- **Mehrere Markierungen** : Sie können mehrere Abschnitte eines Buches markieren, und jede markierte Passage wird als eigener Textblock angezeigt. So können Sie ganz einfach auf alle Stellen in Ihrem Buch zurückgreifen, die Sie bemerkenswert fanden. Der Kindle speichert außerdem alle Ihre Markierungen an einem Ort, sodass Sie sie später noch einmal durchlesen können.

- **Markierungen teilen** : Nach dem Markieren können Sie Ihre Auswahl mit anderen teilen. Sie können eine markierte Passage per E-Mail versenden, in sozialen Medien teilen oder sie sogar zu Ihrem Kindle-Notizenbereich hinzufügen. Diese Funktion ist besonders nützlich, um Ihre Lieblingszitate oder -passagen aus einem Buch mit Freunden oder Kollegen zu teilen.

Notizen machen

Neben dem Markieren bietet der Kindle Paperwhite auch die Möglichkeit, sich **Notizen** zu bestimmten Stellen eines Buches zu machen. Dies ist besonders hilfreich, wenn Sie sich intensiver mit dem Text auseinandersetzen, sei es zum Nachdenken, Analysieren oder Erinnern an persönliche Gedanken.

- **So erstellen Sie Notizen** : Um eine Notiz hinzuzufügen, tippen Sie auf ein Wort oder einen Textabschnitt, den Sie kommentieren möchten, und halten Sie es gedrückt. Wählen Sie dann im angezeigten Menü „**Notiz**" aus . Ein Textfeld wird angezeigt, in das Sie Ihre Gedanken, Beobachtungen oder Fragen eingeben können. Wenn Sie fertig sind, tippen Sie auf „ **Speichern**" . Ihre Notiz wird dann an den markierten Abschnitt angehängt.

- **Notizen** : Alle Ihre Notizen werden zusammen im Abschnitt „**Notizen und Markierungen**" **gespeichert** , auf den Sie über das Hauptmenü zugreifen können. Diese Funktion ist ideal für Studenten oder Berufstätige, die wichtige Informationen aus ihrer Lektüre für eine spätere Überprüfung organisieren müssen. Sie können problemlos zu jedem Abschnitt im Buch navigieren, in dem Sie eine Notiz hinzugefügt haben, und Ihren Lern- oder Überprüfungsprozess fortsetzen.

- **Notizen exportieren** : Wenn Sie Ihre Notizen außerhalb des Kindle-Ökosystems speichern oder teilen möchten, können Sie sie in Ihre E-Mail exportieren oder in einem Dokumentformat speichern. So können Sie wichtige Erkenntnisse, Zitate oder Ideen aus mehreren Büchern ganz einfach im Auge behalten, ohne sie manuell transkribieren zu müssen.

Lesezeichen hinzufügen

Lesezeichen sind eine großartige Möglichkeit, Seiten oder Abschnitte zu markieren, zu denen Sie später schnell zurückkehren möchten. Egal, ob Sie ein Lieblingskapitel, eine wichtige Information markieren oder einfach Ihre Stelle speichern möchten, Lesezeichen bieten eine einfache Lösung.

- **So fügen Sie ein Lesezeichen hinzu** : Um ein Lesezeichen hinzuzufügen, tippen Sie einfach auf den oberen Bildschirmrand, um die Symbolleiste aufzurufen. Tippen Sie dann oben rechts auf das **Lesezeichensymbol** (ein bandförmiges Symbol). Dadurch wird auf der aktuellen Seite ein Lesezeichen platziert, auf das später problemlos zugegriffen werden kann.
- **Auf Lesezeichen zugreifen** : Um Ihre Lesezeichen anzuzeigen, tippen Sie auf das **Menüsymbol** und wählen Sie **Gehe zu** . Unter

dieser Option finden Sie den Abschnitt **„Lesezeichen"** , in dem alle von Ihnen markierten Seiten aufgelistet sind. Sie können auf eines der Lesezeichen tippen, um direkt zu dieser Seite zurückzukehren. So sparen Sie Zeit und Mühe bei der Suche nach wichtigen Abschnitten.

- **Lesezeichen entfernen** : Wenn Sie ein Lesezeichen nicht mehr benötigen, können Sie es ganz einfach entfernen. Gehen Sie einfach zurück zur Seite mit dem Lesezeichen, tippen Sie erneut auf das **Lesezeichensymbol** und es wird entfernt.

Kombinieren von Markierungen, Notizen und Lesezeichen

Die wahre Stärke des Kindle Paperwhite liegt in seiner Fähigkeit, **Markierungen** , **Notizen** und **Lesezeichen zu kombinieren** und so ein personalisiertes Lern- oder Leseerlebnis zu schaffen.

- **Inhalte organisieren** : Wenn Sie ein Buch mit mehreren wichtigen Abschnitten lesen, können Sie durch die Kombination dieser Funktionen wichtige Ideen, Zitate und Notizen an einem Ort erfassen und organisieren. Sie können eine wichtige Passage markieren, eine Notiz für tiefere Gedanken hinzufügen und die Seite dann mit einem Lesezeichen versehen, um später einfach darauf zugreifen zu können. So entsteht eine umfassende Aufzeichnung Ihres Leseerlebnisses, die besonders wertvoll ist, wenn Sie ein Buch studieren oder analysieren.

- **Überprüfen und Reflektieren** : Durch Zugriff auf den Abschnitt **„Notizen und Markierungen"** können Sie alle Ihre Anmerkungen an einem Ort überprüfen. Dies ist ideal für alle, die wichtige Punkte schnell noch einmal aufrufen oder darüber nachdenken möchten, wie ein Buch sie beeinflusst hat. Wenn Sie Kindle Paperwhite zum Lernen verwenden, können Sie mit dieser Funktion mit nur wenigen Fingertipps zu allen wichtigen Informationen zurückkehren.

Tipps zur effizienten Nutzung von Markierungen, Notizen und Lesezeichen

---

- **Verwenden Sie farbcodierte oder markierte Markierungen** : Wenn Sie lieber verschiedene Arten von Informationen hervorheben möchten (z. B. wichtige Fakten, Zitate, Ideen), sollten Sie jeder Markierungsart bestimmte Farben zuweisen. Diese Funktion ist derzeit auf Kindle Paperwhite nicht verfügbar, aber Sie können **Notizen verwenden** , um Ihre Markierungen mit einem bestimmten Tag oder einer Notiz über die Art der Informationen zu kennzeichnen.

- **Nach Themen ordnen** : Wenn Sie ein Sachbuch oder einen akademischen Text lesen, ist es hilfreich, ein System zu erstellen, in dem Sie Themen oder bestimmte Themen hervorheben. Sie könnten beispielsweise wichtige Argumente, unterstützende Daten oder Zitate hervorheben und dann Notizen hinzufügen, um Ihre Gedanken weiter auszuführen.
- **Nutzen Sie die Suchfunktion** : Beim Durchsehen Ihrer Markierungen und Notizen können Sie mithilfe der **Suchfunktion** des Kindle Paperwhite schnell bestimmte Wörter oder Themen finden, die Sie markiert haben. Dies erleichtert das Auffinden wichtiger Ideen oder Themen, insbesondere wenn Sie viele Markierungen gesammelt haben.

Kapitel 6

Erweiterte Funktionen

So fügen Sie mehrere Konten hinzu

Der Kindle Paperwhite ist für eine Vielzahl von Benutzern konzipiert, sodass das Gerät problemlos mit Familienmitgliedern, Freunden oder Kollegen geteilt werden kann. Eine der wichtigsten Funktionen für Haushalte mit mehreren Benutzern oder gemeinsam genutzte Geräte ist die Möglichkeit, **mehrere Konten hinzuzufügen** . Dadurch kann jeder Benutzer auf seine eigene Bibliothek, Inhalte und personalisierten Einstellungen zugreifen, ohne die Erfahrungen anderer Benutzer zu beeinträchtigen. Hier finden Sie eine Schritt-für-Schritt-Anleitung zum Hinzufügen und Verwalten mehrerer Konten auf Ihrem Kindle Paperwhite.

Die Vorteile mehrerer Konten verstehen

Das Hinzufügen mehrerer Konten zu Ihrem Kindle Paperwhite bietet mehrere Vorteile:

- **Personalisierte Bibliotheken** : Jedes Konto kann seine eigene Sammlung von Büchern, Hörbüchern und anderen Inhalten haben. Dadurch wird verhindert, dass Ihre Inhalte mit denen anderer Personen verwechselt werden, und Sie können Ihre persönliche Bibliothek ganz einfach finden und organisieren.
- **Inhalte synchronisieren** : Wenn mehrere Konten hinzugefügt werden, kann jedes Konto mit seinem eigenen Amazon-Konto synchronisiert werden. Dadurch wird sichergestellt, dass Ihr Lesefortschritt, Ihre Notizen und Markierungen für jeden Benutzer separat gespeichert werden, sodass jeder genau dort weitermachen kann, wo er aufgehört hat.
- **Familienfreigabe** : Mit mehreren Konten können Sie eine gemeinsame Bibliothek einrichten oder Funktionen wie **Amazon Household verwenden** , um Bücher über mehrere Konten hinweg zu teilen. Dies ist ideal für Familien, die Bücher teilen möchten, ohne sie mehrfach zu kaufen.

Hinzufügen mehrerer Konten zu Ihrem Kindle Paperwhite

So können Sie auf Ihrem Kindle Paperwhite mehrere Konten hinzufügen und verwalten:

Schritt 1: Einstellungen öffnen

1. **Schalten Sie Ihren Kindle Paperwhite ein,** indem Sie die Einschalttaste gedrückt halten.

2. Tippen Sie oben auf dem Bildschirm auf das **Menüsymbol (drei horizontale Linien).**

3. Wählen Sie „Einstellungen" aus dem Dropdown-Menü.

Ein weiteres Konto   hinzufügen

1. Wählen Sie im Menü „Einstellungen " die Option „Mein Konto" aus .

2. Tippen Sie auf „Gerät abmelden" , wenn das aktuelle Konto bereits eingerichtet ist, da Sie es abmelden müssen, bevor Sie ein neues Konto hinzufügen können. (Keine Sorge, dadurch werden Ihre Inhalte nicht gelöscht; es wird nur die Verknüpfung mit dem aktuellen Konto entfernt.)

3. Nach der Abmeldung werden Sie aufgefordert, ein neues Konto zu registrieren. Tippen Sie auf **Anmelden**

oder **Konto erstellen** , um sich entweder mit einem anderen Amazon-Konto anzumelden oder ein neues Konto einzurichten.

- Wenn Sie ein neues Konto erstellen, folgen Sie den Anweisungen auf dem Bildschirm, um ein Amazon-Konto einzurichten.
- Wenn Sie einen weiteren Benutzer hinzufügen möchten, ohne Ihr aktuelles Konto abzumelden, können Sie einen **Amazon-Haushalt erstellen** , der Ihnen das Teilen von Kindle-Inhalten ermöglicht, ohne sich von Ihrem primären Konto abzumelden.

Schritt 3: Amazon Household für gemeinsam genutzte Bibliotheken verwenden

Wenn Sie Bücher zwischen mehreren Benutzern teilen möchten, ohne ständig zwischen den Konten wechseln zu müssen, bietet Amazon die Funktion „Amazon Household" an . Damit können zwei Erwachsene und bis zu vier Kinder ihre Kindle-Bibliotheken gemeinsam nutzen und die Kindersicherung verwalten. So können Sie es einrichten:

1. **Navigieren Sie zur Website von Amazon** : Sie müssen sich über einen Webbrowser bei Ihrem **Amazon-Konto anmelden.**

2. Gehen Sie zu „**Konto & Listen**" und wählen Sie „**Ihre Inhalte und Geräte**" aus .

3. Scrollen Sie auf der Registerkarte „**Einstellungen**" nach unten zu „**Amazon-Haushalt**" und wählen Sie „**Erwachsenen hinzufügen**" oder „**Kind hinzufügen**" aus .

4. Folgen Sie den Anweisungen, um Konten zu verknüpfen und Bücher zwischen den Benutzern zu teilen.

Schritt 4: Zwischen Konten wechseln

Nachdem Sie mehrere Konten hinzugefügt haben, können Sie zwischen ihnen wechseln, ohne sich jedes Mal an- und abmelden zu müssen:

1. Gehen Sie auf Ihrem Kindle zum **Einstellungsmenü** .

2. Wählen Sie „ **Mein Konto**" und Sie sehen eine Liste der registrierten Konten.

3. Wählen Sie das Konto aus, zu dem Sie wechseln möchten, und tippen Sie auf „**Konto wechseln**" . Ihr Kindle synchronisiert automatisch die mit diesem Konto verknüpften Inhalte.

Verwalten mehrerer Konten und Inhalte

Wenn dem Kindle Paperwhite mehrere Konten hinzugefügt werden, ist es wichtig zu wissen, wie die mit den einzelnen Konten verknüpften Inhalte verwaltet werden.

- **Inhaltsverwaltung** : Die Inhalte jedes Kontos (Bücher, Hörbücher usw.) werden separat organisiert. Sie können über den **Startbildschirm auf die Inhalte zugreifen** . Dort zeigt der Kindle Paperwhite die Inhalte jedes Kontos in einem eigenen Abschnitt an.
- **Inhalte synchronisieren** : Ihre Inhalte, wie Lesefortschritt, Lesezeichen und Notizen, werden beim Wechseln zwischen Benutzern mit dem richtigen Konto synchronisiert. Jedes Konto speichert seine eigenen Lesedaten separat.
- **Kindersicherung** : Wenn Sie einen Amazon-Haushalt mit Kindern eingerichtet haben, können Sie **die Kindersicherung verwalten** , um den Zugriff auf bestimmte Arten von Inhalten einzuschränken. Sie können beispielsweise Filter für für Kinder geeignete Bücher und Hörbücher festlegen und so sicherstellen, dass Ihr Kindle Paperwhite kinderfreundlich ist.

Löschen eines Kontos

Wenn Sie ein Konto von Ihrem Kindle Paperwhite entfernen müssen, gehen Sie folgendermaßen vor:

1. Gehen Sie zum Menü „**Einstellungen**" .

2. Tippen Sie auf „**Mein Konto**" und wählen Sie dann neben dem Konto, das Sie entfernen möchten, „**Abmelden**" aus .

3. Bestätigen Sie die Aktion und das Konto wird vom Gerät entfernt. Wenn Sie zu einem anderen Konto wechseln möchten, können Sie die Schritte zur erneuten Anmeldung befolgen.

Geräte- und Cloud-Speicher verstehen

Der Kindle Paperwhite bietet ein nahtloses Leseerlebnis durch die Integration von **Gerätespeicher** und **Cloud-Speicher** . Diese beiden Speicheroptionen arbeiten zusammen, um sicherzustellen, dass Sie jederzeit und überall auf Ihre Inhalte zugreifen können und gleichzeitig eine gut organisierte Bibliothek haben. Unabhängig davon, ob Sie Bücher lieber lokal auf Ihrem Gerät oder in der Cloud speichern möchten, ist das

Verständnis der Unterschiede zwischen diesen Speichertypen und ihrer Verwaltung der Schlüssel zur Optimierung Ihres Kindle Paperwhite.

Gerätespeicher

Der Gerätespeicher bezieht sich auf den in Ihrem Kindle Paperwhite integrierten physischen Speicher, in dem Sie E-Books, Hörbücher, PDFs und andere Inhalte direkt auf dem Gerät speichern können. Die auf dem Kindle Paperwhite verfügbare Speichermenge variiert je nach Modell, bietet jedoch normalerweise zwischen **8 GB und 32 GB** Speicherplatz.

So funktioniert der Gerätespeicher :

- **Lokaler Speicher :** Wenn Sie Inhalte direkt auf Ihren Kindle Paperwhite herunterladen, werden diese im internen Speicher des Geräts gespeichert. Dazu gehören gekaufte E-Books, Hörbücher und persönliche Dokumente (wie PDFs), die Sie von Ihrem Computer übertragen.

- **Leseerlebnis :** Alle auf Ihrem Kindle Paperwhite gespeicherten Inhalte können offline gelesen werden. Dies ist ideal für Benutzer, die möglicherweise nicht ständig auf das Internet zugreifen können. Wenn Sie auf Reisen gehen oder in ein Gebiet mit eingeschränkter Konnektivität reisen, können Sie sicherstellen, dass Ihre Lieblingsbücher jederzeit verfügbar sind.

- **Speicherplatzverwaltung** : Sie können Tausende von Büchern im internen Speicher des Geräts speichern, wobei die Anzahl von der Dateigröße Ihrer Inhalte abhängt. Hörbücher beispielsweise benötigen tendenziell mehr Speicherplatz als normale E-Books.

Gerätespeicher verwalten :

- Um den verfügbaren Speicherplatz auf Ihrem Kindle Paperwhite zu prüfen, gehen Sie zu „**Einstellungen**" , wählen Sie „**Geräteoptionen**" und tippen Sie auf „**Geräteinfo**" . Hier können Sie sehen, wie viel Speicherplatz belegt und wie viel frei ist.
- **Inhalte löschen** : Wenn Sie nicht mehr genügend Speicherplatz haben oder nicht mehr benötigte Inhalte entfernen möchten, können Sie E-Books oder Dokumente direkt von Ihrem Gerät löschen. Tippen Sie einfach auf das Buchcover, halten Sie es gedrückt und wählen Sie „ **Vom Gerät entfernen**" . Dadurch werden die Inhalte von Ihrem Kindle gelöscht, bleiben aber für spätere Downloads in Ihrem Cloud-Speicher verfügbar.

Cloud-Speicher

Cloud-Speicher bezieht sich auf den virtuellen Speicher, der über die Cloud-Dienste von Amazon verfügbar ist und Ihnen ermöglicht, Ihre Kindle-Inhalte remote zu speichern und darauf zuzugreifen. Die **Amazon Cloud** bietet praktisch unbegrenzten Speicherplatz für alle Ihre Kindle-Bücher, sodass Sie sich keine Sorgen machen müssen, dass Ihnen der Speicherplatz für eBooks ausgeht.

So funktioniert Cloud-Speicher :

- **Amazon-Bibliothek :** Jedes Mal, wenn Sie ein Kindle-Buch kaufen oder herunterladen, wird es automatisch in der Amazon-Cloud gespeichert. Dazu gehören alle Inhalte, die Sie im Kindle-Shop gekauft haben, sowie persönliche Dokumente, die Sie an Ihre Kindle-E-Mail-Adresse gesendet haben (z. B. PDFs, Word-Dokumente usw.).
- **Synchronisierung und Zugriff :** In der Cloud gespeicherte Inhalte stehen jederzeit zum Download auf Ihren Kindle Paperwhite zur Verfügung, solange Sie über eine Internetverbindung verfügen. Das bedeutet, dass Sie Ihre Bücher auf jedes Kindle-Gerät oder jede App herunterladen können, die mit Ihrem Amazon-Konto verknüpft ist.

- **Sichern und Abrufen** : Der Cloud-Speicher dient als Backup für Ihre Kindle-Inhalte. Wenn Sie Ihren Kindle Paperwhite jemals verlieren oder beschädigen, können Sie Ihre Bibliothek ganz einfach wiederherstellen, indem Sie sich auf einem neuen Gerät bei Ihrem Amazon-Konto anmelden. Ebenso können Sie jedes Buch herunterladen, das Sie zuvor gekauft oder archiviert haben.

Verwalten des Cloud-Speichers :

- **Zugriff auf Ihre Cloud-Bibliothek** : **Ihre gesamte Cloud-Bibliothek ist über den Cloud-Bereich Ihres Kindle Paperwhite** verfügbar . Um die Cloud-basierten Inhalte anzuzeigen, tippen Sie auf dem Startbildschirm auf „Alle" , um sowohl Ihre Geräte- als auch Ihre Cloud-Sammlungen anzuzeigen.
- **Inhalte archivieren** : Wenn Sie nur begrenzten Speicherplatz auf Ihrem Gerät haben und Platz freigeben möchten, können Sie E-Books in der Cloud **archivieren** . Beim Archivieren wird das Buch von Ihrem Kindle Paperwhite entfernt, bleibt aber in Ihrer Cloud-Bibliothek verfügbar und kann jederzeit erneut heruntergeladen werden.
- **Herunterladen aus der Cloud** : Um ein Buch aus der Cloud herunterzuladen, tippen Sie

einfach auf den Titel in Ihrer Bibliothek. Der Download auf Ihr Gerät beginnt. Nach dem Download steht das Buch zum Offline-Lesen zur Verfügung.

Gerät vs. Cloud: Wichtige Unterschiede

Speicherkapazität :

- **Gerätespeicher** : Begrenzt durch den verfügbaren Speicher Ihres Kindle Paperwhite (8 GB oder 32 GB).
- **Cloud-Speicher** : Praktisch unbegrenzt für bei Amazon gekaufte E-Books, ohne physische Einschränkungen.

Zugriff auf Inhalte :

- **Gerätespeicher** : Sobald Inhalte auf Ihren Kindle heruntergeladen wurden, sind sie offline verfügbar.
- **Cloud-Speicher** : Zum Herunterladen von Inhalten in der Cloud auf Ihr Gerät ist eine Internetverbindung erforderlich.

Synchronisation :

- **Gerätespeicher** : Synchronisiert Ihre Inhalte auf allen Geräten, die auf Ihrem Konto registriert sind (z. B. Kindle, Kindle-App auf Smartphones, Tablets).

- **Cloud-Speicher** : Hält Ihre Inhalte mit Ihrem Amazon-Konto synchron und ermöglicht den Zugriff von jedem Gerät aus.

Tipps für effizientes Speichermanagement

- **Archivieren Sie unbenutzte Bücher regelmäßig** : Wenn Sie den Speicher Ihres Geräts lieber aufgeräumt halten möchten, archivieren Sie Bücher, die Sie gerade nicht lesen. Dadurch wird Speicherplatz freigegeben und die Bücher bleiben in Ihrer Cloud-Bibliothek leicht zugänglich.
- **Speichernutzung überwachen** : Überprüfen Sie regelmäßig, wie viel Speicherplatz auf Ihrem Kindle Paperwhite verwendet wird. So können Sie feststellen, ob Sie Inhalte in die Cloud auslagern oder unnötige Dateien löschen müssen.
- **Verwenden Sie Sammlungen** : Organisieren Sie Ihre eBooks in Sammlungen auf Ihrem Gerät und in der Cloud. So können Sie Ihre Bücher leichter finden, egal ob sie lokal auf Ihrem Gerät oder in der Cloud gespeichert sind.
- **Offline-Lesen** : Wenn Sie lesen möchten, ohne sich um eine Internetverbindung kümmern zu müssen, laden Sie Bücher im Voraus herunter,

insbesondere wenn Sie reisen oder Gebiete mit schlechter Verbindung besuchen möchten.

Beheben von Speicherproblemen

- **Warnung bei geringem Speicherplatz** : Wenn auf Ihrem Gerät der Speicherplatz knapp wird, wird möglicherweise eine Warnung angezeigt. Sie können dies beheben, indem Sie nicht benötigte Bücher löschen, ältere Inhalte archivieren oder Dateien auf ein anderes Gerät übertragen.
- **Bücher werden nicht heruntergeladen** : Wenn Sie Probleme beim Herunterladen von Inhalten aus der Cloud haben, stellen Sie sicher, dass Sie über eine aktive WLAN-Verbindung verfügen. Wenn das Problem weiterhin besteht, starten Sie Ihren Kindle Paperwhite neu oder stellen Sie sicher, dass Ihr Amazon-Konto ordnungsgemäß mit Ihrem Gerät verknüpft ist.
- **Inhalt kann nicht gelöscht werden** : Wenn Sie Inhalte nicht von Ihrem Kindle löschen können, stellen Sie sicher, dass das Buch derzeit nicht verwendet wird (d. h. es wird nicht gelesen oder es wird Audio abgespielt). Manchmal behebt ein schneller Neustart des Geräts solche Probleme.

Verwalten Ihrer Kindle-Inhalte

Eines der herausragenden Merkmale des Kindle Paperwhite ist die Möglichkeit, Ihre E-Books, Hörbücher, PDFs und anderen digitalen Inhalte nahtlos zu verwalten. Egal, ob Sie ein begeisterter Leser, ein Gelegenheitsbuchliebhaber oder jemand sind, der Kindle sowohl für die Arbeit als auch für die Freizeit verwendet: Für ein organisiertes und angenehmes Leseerlebnis ist es wichtig zu wissen, wie Sie Ihre Inhalte verwalten. Hier finden Sie eine umfassende Anleitung zur effektiven Verwaltung Ihrer Kindle-Inhalte.

Organisieren Sie Ihre Inhalte

Mit dem Kindle Paperwhite können Sie Ihre Inhalte ganz einfach in verschiedene Abschnitte unterteilen, um einen einfachen Zugriff zu ermöglichen. Dies ist besonders nützlich, wenn Sie eine große Bibliothek haben und Ihre Bücher oder andere Materialien kategorisieren möchten.

Sammlungen erstellen :

Sammlungen sind Ordner, in denen Sie ähnliche Inhalte gruppieren können, um die Navigation in Ihrer

Bibliothek zu vereinfachen. Sie können beispielsweise Sammlungen für **Belletristik** , **Sachbücher** , **arbeitsbezogene** oder sogar **aktuelle Literatur erstellen. liest** . So erstellen und verwalten Sie Sammlungen auf Ihrem Kindle Paperwhite:

1. Gehen Sie zu Ihrem Home-Bildschirm : Tippen Sie auf das **Home** -Symbol.

2. Tippen Sie oben auf dem Bildschirm auf die Menüschaltfläche (drei horizontale Linien).

3. Wählen Sie „**Neue Sammlung erstellen**" aus .

4. Geben Sie einen Namen für Ihre Sammlung ein (z. B. „Krimiromane").

5. **Bücher hinzufügen** : Sie können dieser Sammlung dann Bücher hinzufügen, indem Sie sie aus Ihrer Bibliothek auswählen.

Sobald Sie Ihre Sammlungen erstellt haben, werden sie auf Ihrem Startbildschirm angezeigt, sodass Sie problemlos auf zugehörige Inhalte zugreifen können.

Archivieren von Inhalten

Um Ordnung auf Ihrem Gerät zu halten und Speicherplatz freizugeben, können Sie Bücher archivieren, die Sie gerade nicht lesen. Durch das Archivieren werden die Inhalte von Ihrem Gerät entfernt, bleiben aber in der Cloud erhalten, sodass Sie sie bei Bedarf jederzeit erneut herunterladen können.

Archivierungsinhalte :

1. **Gehen Sie zum Startbildschirm** und suchen Sie den Inhalt, den Sie archivieren möchten.

2. Tippen Sie auf den Titel des Buches und halten Sie ihn gedrückt.

3. Wählen Sie im Menü „ **Archivieren**" . Das Buch wird von Ihrem Gerät entfernt, bleibt aber in der Cloud verfügbar.

Wenn Sie die Inhalte erneut benötigen, können Sie diese ganz einfach durch Tippen auf das Buchcover aus der Cloud herunterladen.

Löschen von Inhalten

Manchmal möchten Sie möglicherweise Inhalte dauerhaft von Ihrem Kindle Paperwhite entfernen, z. B. Bücher, die Sie bereits gelesen haben, oder Artikel, die Sie nicht mehr benötigen. Durch das Löschen von Inhalten werden diese von Ihrem Gerät und Ihrem Amazon-Konto entfernt, sodass Sie keinen Zugriff mehr darauf haben.

Löschen von Inhalten :

1. **Gehen Sie zum Startbildschirm** und tippen Sie länger auf das Buch, das Sie löschen möchten.

2. Wählen Sie „**Aus Bibliothek löschen**" oder „**Vom Gerät entfernen**" aus .

- **Aus Bibliothek löschen** : Diese Option entfernt das Buch sowohl von Ihrem Gerät als auch von Ihrem Amazon-Konto. Dies bedeutet, dass Sie es erneut kaufen müssen, wenn Sie es wieder haben möchten.
- **Vom Gerät entfernen** : Dadurch wird das Buch von Ihrem Kindle entfernt, es bleibt jedoch in Ihrer Cloud-Bibliothek, sodass Sie es jederzeit erneut herunterladen können.

Bücher geräteübergreifend verwalten

Einer der Vorteile eines Kindle-Kontos besteht darin, dass Ihre Bücher auf allen Geräten synchronisiert werden, die mit demselben Amazon-Konto verknüpft sind. Das bedeutet, dass Sie auf Ihrem Kindle Paperwhite mit dem Lesen beginnen und auf Ihrer Kindle-App, Ihrem Smartphone oder Tablet genau dort weiterlesen können, wo Sie aufgehört haben.

Inhalte synchronisieren :

- Stellen Sie sicher, dass **Whispersync** aktiviert ist, um Ihren Lesefortschritt, Ihre Lesezeichen,

Markierungen und Notizen auf allen Ihren Geräten zu synchronisieren. So aktivieren Sie Whispersync :

1. Gehen Sie zu **Einstellungen** .

2. Wählen Sie **Geräteoptionen** .

3. Aktivieren Sie **Whispersync für Bücher** .

Wenn Sie ein Buch, das Sie gekauft haben, auf Ihrem Kindle Paperwhite nicht sehen, stellen Sie sicher, dass Ihre Geräte synchronisiert sind. Sie können Ihren Kindle manuell synchronisieren, indem Sie auf „**Einstellungen**" > „**Meinen Kindle synchronisieren**" tippen .

Verwenden der Kindle Cloud

Die Kindle Cloud ist ein virtueller Speicherplatz, in dem alle Ihre bei Amazon gekauften Bücher und Dokumente gespeichert werden, auch wenn Sie sie von Ihrem Gerät entfernt haben. So wird sichergestellt, dass Sie nie den Zugriff auf Ihre gekauften Inhalte verlieren, egal wie viel Speicherplatz Sie auf Ihrem Kindle Paperwhite benötigen.

Auf Cloud-Inhalte zugreifen :

So greifen Sie auf Ihre Cloud-Inhalte zu:

1. Tippen Sie auf dem Startbildschirm auf „ **Alle"** , um alle auf Ihrem Gerät und in der Cloud gespeicherten Bücher anzuzeigen.

2. Bücher, die in der Cloud gespeichert, aber nicht auf Ihr Gerät heruntergeladen wurden, sind mit einem Cloud-Symbol gekennzeichnet. Tippen Sie einfach auf das Buch, um es auf Ihren Kindle Paperwhite herunterzuladen.

Persönliche Dokumente verwalten

Neben Büchern aus dem Kindle Store können Sie auch persönliche Dokumente, wie PDF- und Word-Dateien, an Ihren Kindle Paperwhite senden. Diese Dokumente können an Ihre Kindle-E-Mail-Adresse gesendet oder manuell per USB übertragen werden.

Senden von Dokumenten an Ihren Kindle :

1. Jedes Kindle-Gerät hat eine eindeutige E-Mail-Adresse (z. B. IhrName@kindle.com).

2. Sie können persönliche Dokumente direkt von Ihrem Computer oder Telefon an diese E-Mail senden.

3. Nach dem Senden werden die Dokumente in Ihrer Bibliothek unter **„Dokumente" angezeigt** .

4. Persönliche Dokumente können außerdem platzsparend in der Cloud archiviert oder vom Gerät entfernt werden.

Abonnements verwalten

Kindle- Zeitschriften (z. B. Magazine oder Zeitungen) abonniert haben , ist die Verwaltung dieser Abonnements wichtig, um unnötige Kosten zu vermeiden und sicherzustellen, dass Sie immer über die neusten Ausgaben informiert sind.

Kindle Unlimited verwalten :

- Gehen Sie zu **„Einstellungen"** > **„Abonnement und Inhalte",** um Ihr Kindle Unlimited- Abonnement und die ausgeliehenen Bücher zu verwalten.
- Mit Kindle Unlimited können Sie bis zu 10 Bücher gleichzeitig ausleihen. Wenn Sie dieses Limit erreichen, müssen Sie eines zurückgeben, bevor Sie ein weiteres ausleihen können.

Verwaltung von Zeitschriften :

- Periodika (Magazine, Zeitungen usw.) werden separat in Ihrem Abschnitt **„Zeitschriften" verwaltet** . Wenn Sie kein Abonnement mehr erhalten möchten, gehen Sie auf der **Amazon-Website** unter **„Meine Inhalte und Geräte** verwalten" auf „Abonnement auswählen" und kündigen Sie es.

Beheben von Problemen mit der Inhaltsverwaltung

Manchmal treten bei der Verwaltung Ihrer Inhalte Probleme auf, z. B. Bücher werden nicht heruntergeladen, es treten Synchronisierungsprobleme auf oder es treten Probleme beim Archivieren oder Löschen von Inhalten auf. Hier sind einige Lösungen:

- **Buch wird nicht heruntergeladen** : Stellen Sie sicher, dass Ihr Kindle mit dem WLAN verbunden ist, und versuchen Sie, Ihr Gerät über das **Einstellungsmenü zu synchronisieren** .
- **Synchronisierungsprobleme** : Stellen Sie sicher, dass **Whispersync** in Ihrem Konto aktiviert ist, und prüfen Sie, ob Ihr Kindle Paperwhite mit dem Internet verbunden ist.
- **Inhalte werden in der Bibliothek nicht angezeigt** : Stellen Sie sicher, dass die Inhalte ordnungsgemäß auf Ihr Kindle Paperwhite übertragen wurden und dass Ihr Amazon-Konto richtig verknüpft ist.

Kapitel 7

Inhaltsverwaltung

Herunterladen und Löschen von Büchern

Die effektive Verwaltung Ihrer Kindle-Bibliothek ist entscheidend für ein angenehmes Leseerlebnis. Der Kindle Paperwhite bietet eine intuitive Möglichkeit zum Herunterladen, Entfernen und Verwalten von Büchern. So haben Sie immer Zugriff auf Ihre Lieblingsbücher und können gleichzeitig den Speicher Ihres Geräts optimieren. In diesem Abschnitt erfahren Sie, wie Sie Bücher auf Ihren Kindle Paperwhite **herunterladen und Inhalte löschen** , wenn Sie sie nicht mehr benötigen.

Herunterladen von Büchern auf Ihren Kindle Paperwhite

Einer der Hauptvorteile des Kindle Paperwhite ist seine nahtlose Integration mit Amazons umfangreicher eBook-Bibliothek. Egal, ob Sie ein Buch kaufen, es über Kindle

Unlimited ausleihen oder ein persönliches Dokument erhalten, das Herunterladen von Inhalten auf Ihren Kindle ist unkompliziert.

Schritte zum Herunterladen von Büchern :

1. Durchsuchen Sie den Kindle Store :

- auf Ihrem Paperwhite zum **Amazon Kindle Store** . **Tippen Sie** oben auf Ihrem Startbildschirm auf die Schaltfläche „ **Store",** **um auf den Kindle Store zuzugreifen. Sie können nach Büchern nach Genre, Autor oder Titel suchen.**
- Sie können Bücher auch von der **Amazon-Website** auf Ihrem Computer oder Mobilgerät kaufen und sie werden direkt an Ihren Kindle Paperwhite geliefert

2. Aus der Cloud herunterladen : Sobald Sie ein Buch gekauft oder heruntergeladen haben, wird es automatisch in Ihrer **Cloud** -Bibliothek gespeichert und ist von Ihrem Kindle Paperwhite aus zugänglich. So laden Sie ein Buch aus der Cloud herunter:

1. Tippen Sie auf dem Startbildschirm auf „ **Alle"** , um sowohl auf Ihrem Gerät als auch in der Cloud gespeicherte Inhalte anzuzeigen.

2. Suchen Sie das Buch, das Sie herunterladen möchten. In der Cloud gespeicherte Bücher sind mit einem kleinen Wolkensymbol gekennzeichnet.

3. Tippen Sie auf das Buch. Der Download auf Ihr Gerät beginnt.

3. **Verwenden von Kindle Unlimited** : Wenn Sie Kindle Unlimited abonniert haben, können Sie Bücher direkt von Ihrem Kindle Paperwhite ausleihen. Suchen Sie einfach nach einem über Kindle Unlimited verfügbaren Titel und tippen Sie auf **„Ausleihen"** . Das Buch wird automatisch auf Ihr Gerät heruntergeladen.

4. **Herunterladen persönlicher Dokumente** : Wenn Sie persönliche Dokumente per E-Mail oder USB an Ihren Kindle Paperwhite gesendet haben, sind diese im Abschnitt **„Dokumente" verfügbar** . Tippen Sie zum Herunterladen auf das Dokument und es wird in Ihrer Bibliothek angezeigt.

5. **Automatische Synchronisierung** : Wenn Sie einen Kauf bei Amazon tätigen, wird das Buch automatisch an Ihren Kindle Paperwhite gesendet. Stellen Sie sicher, dass Ihr Kindle mit WLAN verbunden ist, damit die Inhalte korrekt synchronisiert werden.

Löschen von Büchern von Ihrem Kindle Paperwhite

Obwohl der Speicher des Kindle Paperwhite relativ groß ist, möchten Sie möglicherweise Bücher löschen, die Sie bereits gelesen haben oder einfach nicht mehr benötigen, entweder um Speicherplatz freizugeben oder Ihre Bibliothek zu organisieren.

Schritte zum Löschen von Büchern von Ihrem Gerät :

1. **Vom Gerät entfernen :**

- Wenn Sie ein Buch von Ihrem Gerät entfernen, wird es lokal gelöscht, bleibt aber in der Cloud gespeichert, sodass Sie es später jederzeit erneut herunterladen können. So löschen Sie Inhalte von Ihrem Kindle Paperwhite:

1. Suchen Sie auf Ihrem Startbildschirm das Buch, das Sie löschen möchten.

2. Tippen Sie auf den Buchtitel und halten Sie ihn gedrückt, bis ein Menü angezeigt wird.

3. **Wählen Sie „Vom Gerät entfernen" aus** . Dadurch wird das Buch von Ihrem Kindle gelöscht, es verbleibt jedoch in Ihrer Cloud-Bibliothek.

2. Aus der Bibliothek löschen (dauerhafte Löschung) : Wenn Sie ein Buch dauerhaft löschen möchten, können Sie es sowohl von Ihrem Gerät als auch aus der Bibliothek von Amazon entfernen, sodass es in der Cloud nicht mehr zugänglich ist:

auf der **Amazon-Website** zu **„Ihre Inhalte und Geräte verwalten"** .

2. Suchen Sie das Buch, das Sie löschen möchten.

3. Wählen Sie aus den Optionen **„Löschen" aus** , um es dauerhaft von Ihrem Gerät und aus der Cloud zu entfernen.

3. **Persönliche Dokumente löschen** : Wenn Sie persönliche Dokumente an Ihren Kindle gesendet haben (z. B. PDF- oder Word-Dateien), können Sie diese direkt vom Gerät löschen:

1. Gehen Sie zum Abschnitt **„Dokumente"** Ihres Kindle Paperwhite.

2. Tippen Sie auf das Dokument, das Sie löschen möchten, und halten Sie es gedrückt.

3. Wählen Sie **„Vom Gerät entfernen",** um es von Ihrem Kindle zu löschen. Das Dokument bleibt in Ihrer Cloud und kann bei Bedarf erneut heruntergeladen werden.

4. **Archivieren vs. Löschen** :

- Wenn Sie ein Buch nicht dauerhaft löschen, sondern nur vorübergehend Speicherplatz freigeben möchten, können Sie es in der Cloud archivieren. Durch das Archivieren wird das Buch aus dem Gerätespeicher Ihres Kindles entfernt, bleibt aber in der Cloud verfügbar.
- Um das Buch zu archivieren, tippen Sie etwas länger auf den Titel des Buchs und wählen Sie **„Archivieren"** aus . Das Buch wird weiterhin in Ihrer **Cloud** -Bibliothek angezeigt, wo Sie es jederzeit erneut herunterladen können.

Verwalten Ihrer Kindle- Bibliothek

Um Ihren Kindle Paperwhite organisiert zu halten, ist es wichtig, Ihre heruntergeladenen und gelöschten Bücher regelmäßig zu verwalten . Erwägen Sie das Erstellen von **Sammlungen** , um heruntergeladene Bücher zu organisieren, wie zum Beispiel:

- Derzeitiger Lesevorgang
- Fertige Bücher
- Favoriten
- Zum Lesen

Diese Organisationsmethode hilft Ihnen dabei, die benötigten Inhalte schnell zu finden und stellt gleichzeitig sicher, dass Ihr Kindle Paperwhite nicht mit unnötigen Büchern überfüllt wird.

Fehlerbehebung beim Herunterladen und Löschen von Büchern

Wenn beim Herunterladen oder Löschen von Büchern Probleme auftreten, finden Sie hier einige Tipps:

- Bücher werden nicht heruntergeladen: Stellen Sie sicher, dass Ihr Kindle Paperwhite mit dem WLAN verbunden ist, und versuchen Sie, Ihr Gerät zu synchronisieren, indem Sie zu **„Einstellungen"** > **„Mein Kindle synchronisieren" gehen** .

- **Bücher werden nicht in der Bibliothek angezeigt** : Stellen Sie sicher, dass Ihr Amazon-Konto ordnungsgemäß mit Ihrem Kindle verknüpft ist und das Buch erfolgreich an Ihr Gerät geliefert wurde . Starten Sie den Kindle Paperwhite bei Bedarf neu und überprüfen Sie ihn erneut.

- **Inhalt kann nicht gelöscht werden** : Wenn sich ein Buch nicht löschen lässt, stellen Sie sicher, dass es derzeit nicht verwendet wird (gelesen oder abgespielt wird) und versuchen Sie es erneut. Ein Neustart kann helfen, dieses Problem zu beheben.

Organisieren Sie Ihre Bibliothek mit Sammlungen

Eine der nützlichsten Funktionen des Kindle Paperwhite ist die Möglichkeit, Ihre Bücher, Dokumente und anderen Inhalte in **Sammlungen zu organisieren** . Diese Funktion ist besonders hilfreich, wenn Sie eine große Bibliothek haben, da Sie Ihre Bücher damit kategorisiert und leicht zugänglich aufbewahren können. Egal, ob Sie ein begeisterter Leser mit Tausenden von Titeln sind oder jemand, der den Kindle sowohl privat als auch beruflich nutzt, Sammlungen können Ihnen helfen, den Überblick zu behalten und die benötigten Inhalte schnell zu finden.

Was sind Kindle-Sammlungen?

Eine Sammlung auf Ihrem Kindle Paperwhite ist im Wesentlichen ein **Ordner** , in dem Sie ähnliche Bücher, Dokumente und andere Inhalte gruppieren können. Sie können Sammlungen anhand verschiedener Kriterien erstellen, z. B. Genre, Autor, Lesestatus oder jedes andere Organisationssystem, das Ihnen zusagt. Sie könnten beispielsweise Sammlungen für Folgendes haben:

- Fiktion
- Sachbücher
- Derzeitiger Lesevorgang
- Favoriten
- Arbeits-/Lernmaterialien
- Bücher zum Wiederlesen
- Bücher von Kindle Unlimited

So erstellen Sie Sammlungen

Das Erstellen von Sammlungen auf Ihrem Kindle Paperwhite ist ganz einfach und kann direkt vom Startbildschirm aus erfolgen. So richten Sie Ihre eigenen benutzerdefinierten Sammlungen ein:

1. Vom **Startbildschirm aus** :

- oben auf dem Bildschirm auf die **Menüschaltfläche (drei horizontale Linien).**
- Wählen Sie „**Neue Sammlung erstellen"** aus .

2. **Geben Sie Ihrer Sammlung einen Namen** :

- Nachdem Sie „ **Neue Sammlung erstellen "** **ausgewählt haben** , werden Sie aufgefordert, Ihrer Sammlung einen Namen zu geben. Sie können sie je nach Ihren

Organisationspräferenzen beispielsweise „Science Fiction" oder „Leseliste 2024" nennen.

- Tippen Sie auf **„Fertig"**, wenn Sie den gewünschten Namen eingegeben haben.

3. Fügen Sie Ihrer Sammlung Bücher hinzu :

- Nachdem Sie Ihre Sammlung erstellt haben, werden Sie aufgefordert, **Bücher hinzuzufügen** . Sie können durch Ihre Bibliothek blättern und die Titel auswählen, die Sie hinzufügen möchten.
- Tippen Sie auf jedes Buch, das Sie zur Sammlung hinzufügen möchten. Tippen Sie nach der Auswahl auf „ **Fertig"** .

4. Greifen Sie auf Ihre Sammlungen zu :

Ihre neu erstellte Sammlung wird auf dem **Startbildschirm** neben Ihren anderen Büchern angezeigt. Sie können auf die Sammlung tippen, um die darin enthaltenen Bücher anzuzeigen.

Verwalten Ihrer Sammlungen

Sobald Sie Ihre Sammlungen erstellt haben, können Sie diese verwalten, indem Sie nach Bedarf Bücher hinzufügen oder entfernen. So verwalten Sie Ihre Sammlungen:

Hinzufügen von Büchern zu einer vorhandenen Sammlung :

1. Gehen Sie zum **Startbildschirm** und tippen Sie auf die **Menüschaltfläche** .

2. Wählen Sie „**Sammlungen**" aus , um eine Liste Ihrer vorhandenen Sammlungen anzuzeigen.

3. Tippen Sie auf die Sammlung, zu der Sie Bücher hinzufügen möchten.

4. Tippen Sie auf die Schaltfläche „**Bücher hinzufügen**", um weitere Bücher aus Ihrer Bibliothek auszuwählen.

5. Nachdem Sie die Bücher ausgewählt haben, tippen Sie auf „**Fertig**", um sie der Sammlung hinzuzufügen.

Bücher aus einer Sammlung entfernen

1. Öffnen Sie die Sammlung vom **Home-Bildschirm aus** .

2. Tippen Sie auf den Titel des Buches, das Sie entfernen möchten, und halten Sie ihn gedrückt.

3. Wählen Sie „**Aus Sammlung entfernen**" aus .

4. Das Buch verbleibt in Ihrer Hauptbibliothek, ist aber nicht mehr Teil der Sammlung.

Löschen einer Sammlung

1. Wenn Sie eine Sammlung nicht mehr benötigen, können Sie sie löschen.

2. Gehen Sie zum **Startbildschirm** und tippen Sie auf „**Menü**".

3. Wählen Sie „**Sammlungen**" und wählen Sie die Sammlung aus, die Sie löschen möchten.

4. Tippen Sie auf „**Sammlung löschen**". Dadurch wird die Sammlung gelöscht, die darin enthaltenen Bücher verbleiben jedoch in Ihrer Bibliothek.

Tipps zum Organisieren Ihrer Kindle-Bibliothek

Sammlungsfunktion Ihres Kindle Paperwhite optimal zu nutzen :

- **Verwenden Sie Sammlungen zur Fortschrittsverfolgung** : Erstellen Sie Sammlungen wie „**Zu lesen**" , „**Derzeit lese ich**" und „**Abgeschlossen**" , um Ihren Fortschritt zu verfolgen. Auf diese Weise können Sie sehen, was als Nächstes auf Ihrer Leseliste steht, und problemlos dort weitermachen, wo Sie aufgehört haben.

- **Gruppieren nach Genre oder Autor** : Wenn Sie viele bestimmte Genres oder Autoren lesen, können Sie durch das Erstellen von Sammlungen wie „**Fantasy**" , „**Selbsthilfe** " oder „**Stephen King-Bücher**" leichter Bücher finden, die zu Ihrer aktuellen Stimmung passen.
- **Erstellen Sie eine „Favoriten"-Sammlung** : Wenn Sie Bücher haben, die Sie häufig wieder lesen, oder solche, die Sie hoch bewertet haben, erstellen Sie eine „**Favoriten**" -Sammlung, um sie immer zur Hand zu haben.
- **Verwenden Sie Sammlungen für arbeitsbezogene Materialien** : Wenn Sie Ihren Kindle für berufliche Zwecke verwenden (z. B. zum Lesen von PDFs, Berichten oder Nachschlagewerken), sollten Sie Sammlungen für verschiedene Projekte oder Themen erstellen. Beispielsweise können Ihnen „**Marktforschung**" , „**Dokumente zu Projekt X**" oder „**Lesungen für Führungskräfte**" dabei helfen, einfach auf arbeitsbezogene Inhalte zuzugreifen.

Vorteile der Organisation mit Sammlungen

Die **Sammlungsfunktion** des Kindle Paperwhite bietet mehrere Vorteile, die Ihr Leseerlebnis verbessern können:

- **Verbesserte Organisation** : Sammlungen helfen Ihnen, Ihre Bibliothek übersichtlich zu halten und stellen sicher, dass Sie bestimmte Bücher leicht finden können, wenn Sie sie brauchen. Dies ist besonders wichtig für Leser, die Hunderte von Büchern in ihrer Bibliothek haben.
- **Schnellerer Zugriff** : Anstatt durch eine lange Liste von Büchern zu scrollen, um das gewünschte Buch zu finden, können Sie mit Sammlungen direkt zu der Kategorie springen, die Ihr Buch enthält. Das spart Zeit und Mühe.
- **Einfachere Verwaltung** : Wenn Ihre Bibliothek wächst, können Sie dank der Sammlungen ganz einfach alte Bücher entfernen, neue hinzufügen und Ordnung schaffen. Sie können Ihre Bibliothek aufräumen, ohne sich Sorgen machen zu müssen, wichtige Titel aus den Augen zu verlieren.
- **Anpassung** : Sie können die Organisation der Inhalte Ihres Kindle Paperwhite Ihren Lesegewohnheiten entsprechend anpassen. Ob Sie Belletristik von Sachbüchern trennen oder eine Sammlung für Bücher erstellen möchten, die Sie erneut lesen möchten, dank der Flexibilität behalten Sie die Kontrolle.

Übertragen von Inhalten von einem alten Kindle auf Ihren neuen

Das Upgrade auf einen neuen Kindle Paperwhite ist ein aufregendes Erlebnis und eine der wichtigsten Aufgaben nach der Einrichtung Ihres neuen Geräts ist die Übertragung Ihrer Inhalte vom alten Kindle. Egal, ob Sie auf ein neueres Modell umsteigen oder einfach ein beschädigtes Gerät ersetzen, Amazon bietet mehrere Möglichkeiten, um sicherzustellen, dass alle Ihre Bücher, Dokumente und Einstellungen nahtlos auf Ihren neuen Kindle übertragen werden. Hier finden Sie eine ausführliche Anleitung zum Übertragen von Inhalten von Ihrem alten Kindle auf Ihren neuen Kindle Paperwhite.

Methode 1: Automatische Synchronisierung mit Ihrem Amazon-Konto

Der einfachste und reibungsloseste Weg zum Übertragen von Inhalten ist das **Cloud-basierte System von Amazon** . Alle Inhalte, die Sie auf Ihrem vorherigen Kindle-Gerät gekauft oder heruntergeladen haben, sind mit Ihrem Amazon-Konto verknüpft und somit automatisch auf Ihrem neuen Kindle Paperwhite verfügbar.

Schritte zum automatischen Synchronisieren von Inhalten :

1. **Stellen Sie sicher, dass beide Geräte mit demselben Amazon-Konto registriert sind** : Ihr alter Kindle und Ihr neuer Kindle Paperwhite müssen mit demselben Amazon-Konto registriert sein. Wenn Sie dies noch nicht getan haben, registrieren Sie Ihren neuen Kindle, indem Sie zu **Einstellungen > Mein Konto > Registrieren gehen** und Ihre Amazon-Anmeldedaten eingeben.

2. **Verbinden Sie Ihren neuen Kindle mit WLAN** : Um mit der Synchronisierung zu beginnen, stellen Sie sicher, dass Ihr neuer Kindle Paperwhite mit einem WLAN-Netzwerk verbunden ist. Gehen Sie zu **Einstellungen > WLAN** und stellen Sie eine Verbindung zu Ihrem bevorzugten Netzwerk her.

3. **Automatische Synchronisierung** : Sobald Ihr neuer Kindle mit dem WLAN verbunden ist, synchronisiert Amazon automatisch alle Ihre Einkäufe, Bücher und Dokumente, die in der Cloud gespeichert sind. Diese Artikel werden in Ihrer Bibliothek angezeigt und Sie können sie jederzeit auf Ihren neuen Kindle Paperwhite herunterladen.

4. Zugriff auf Inhalte in der Cloud : Tippen Sie auf dem **Startbildschirm auf „ Alle"** , um Inhalte anzuzeigen, die in der Cloud gespeichert, aber noch nicht auf Ihr Gerät heruntergeladen wurden. Sie können jedes Buch oder Dokument auswählen und direkt auf Ihren neuen Kindle herunterladen.

5. Bei Bedarf manuell synchronisieren : Wenn der Inhalt aus irgendeinem Grund nicht automatisch synchronisiert wird, können Sie eine Synchronisierung manuell starten. Gehen Sie zu **„Einstellungen" > „Mein Kindle synchronisieren",** um Ihre Bibliothek zu aktualisieren und sicherzustellen, dass der gesamte Inhalt übertragen wird.

Methode 2: Übertragung über Amazons „Inhalte und Geräte verwalten"

Bei Büchern und Dokumenten, die möglicherweise nicht automatisch synchronisiert werden, oder bei denen, die eine manuelle Methode bevorzugen, können Sie Inhalte direkt über die Seite **„Ihre Inhalte und Geräte verwalten" von Amazon übertragen** .

Schritte zum Übertragen von Inhalten über Amazon :

1. Melden Sie sich bei Ihrem Amazon-Konto an : Rufen Sie in einem Webbrowser **die Seite „Inhalte und Geräte verwalten" von Amazon auf** . Melden Sie sich mit demselben Amazon-Konto an, das sowohl auf Ihrem alten Kindle als auch auf Ihrem neuen Kindle Paperwhite registriert ist.

2. **Gehen Sie zur Registerkarte „Inhalt"** : Unter der Registerkarte **„Inhalt** " sehen Sie eine Liste aller Bücher, Dokumente und Medien, die mit Ihrem Konto verknüpft sind. Suchen Sie die Elemente, die Sie auf Ihren neuen Kindle übertragen möchten.

3. **Inhalte auf Ihren neuen Kindle übertragen** : Wählen Sie die Bücher oder Dokumente aus, die Sie übertragen möchten , und klicken Sie dann auf **Übertragen** . Eine Liste der registrierten Geräte wird angezeigt.

Wählen Sie Ihren neuen Kindle Paperwhite aus der Liste und die ausgewählten Inhalte werden an Ihr neues Gerät gesendet.

4. **Auf Ihren neuen Kindle herunterladen** : Stellen Sie sicher, dass Ihr neuer Kindle Paperwhite mit dem WLAN verbunden ist, und gehen Sie zum **Cloud** - Bereich Ihrer Bibliothek. Ihre übertragenen Inhalte werden hier angezeigt und können direkt auf Ihr Gerät heruntergeladen werden.

Methode 3: Inhalte per USB übertragen

Wenn Sie persönliche Dokumente, PDFs oder Dateien, die nicht über Amazon gekauft wurden (z. B. Bücher aus anderen Quellen oder Dokumente, die Sie an Ihren alten Kindle gesendet haben), manuell übertragen möchten, können Sie diese per **USB übertragen** .

Schritte zur Übertragung per USB :

1. Verbinden Sie Ihren alten Kindle mit Ihrem Computer :

- Verbinden Sie Ihren alten Kindle über ein USB-Kabel mit Ihrem Computer. Sobald die Verbindung hergestellt ist, wird Ihr Kindle als externes Laufwerk angezeigt.

2. Suchen Sie die Dateien :

- Öffnen Sie das Kindle-Laufwerk auf Ihrem Computer und navigieren Sie zum Ordner **„Dokumente"** . Hier werden Ihre Bücher und Dokumente gespeichert.

3. Kopieren Sie Dateien auf Ihren Computer :

- Wählen Sie die Dateien aus, die Sie übertragen möchten (E-Books, PDFs, persönliche Dokumente usw.) und kopieren Sie sie auf Ihren Computer.

4. Verbinden Sie Ihren neuen Kindle mit dem Computer :

- Trennen Sie Ihren alten Kindle und verbinden Sie Ihren neuen Kindle Paperwhite über das USB-Kabel mit Ihrem Computer.

5. Übertragen Sie Dateien auf Ihren neuen Kindle :

- Öffnen Sie das Kindle-Laufwerk für Ihr neues Gerät. Fügen Sie die Dateien, die Sie vom alten Kindle kopiert haben, in den Ordner **„Dokumente"** Ihres neuen Kindle Paperwhite ein.

6. Dateien auswerfen und darauf zugreifen :

- Werfen Sie den Kindle sicher aus Ihrem Computer aus. Wenn Sie Ihren neuen Kindle öffnen, sollten die Dateien in Ihrer Bibliothek angezeigt werden und Sie können mit dem Lesen beginnen.

Methode 4: Persönliche Dokumente per E-Mail übertragen

Eine weitere Möglichkeit zum Übertragen persönlicher Dokumente wie PDFs, Word-Dateien und anderer Nicht-Amazon- Inhalte besteht darin, die mit Ihrem Amazon-Konto verknüpfte Kindle-E-Mail-Adresse zu verwenden.

Schritte zum Übertragen von Dokumenten per E-Mail :

1. Finden Sie Ihre Kindle-E-Mail-Adresse :

- Um die E-Mail-Adresse Ihres Kindle zu finden, gehen Sie zu **„Einstellungen" > „Mein Konto" > „An Kindle senden"-E-Mail** .

2. Senden Sie Dokumente an Ihren neuen Kindle :

- Senden Sie die Dokumente von Ihrem Computer oder Mobilgerät per E-Mail an Ihre Kindle-E-Mail-Adresse. Stellen Sie sicher, dass die Dateien in einem unterstützten Format vorliegen (PDF, Word usw.).

3. Zugriff auf Ihrem Kindle Paperwhite :

- Gehen Sie auf Ihrem neuen Kindle zu **„Einstellungen" > „Mein Kindle synchronisieren"** , um die per E-Mail gesendeten Inhalte zu empfangen. Die Dokumente werden in Ihrer Bibliothek angezeigt und stehen zum Lesen bereit.

Beheben von Übertragungsproblemen

Inhalte werden nicht synchronisiert: Wenn Ihre Bücher oder Dokumente nicht mit Ihrem neuen Kindle

synchronisiert werden, versuchen Sie die
Synchronisierung manuell über **„Einstellungen"** > **„**
Mein Kindle synchronisieren". Stellen Sie sicher, dass
Ihr Kindle mit WLAN verbunden und unter dem
richtigen Amazon-Konto registriert ist.

- **Fehlende Bücher** : Wenn einige Bücher fehlen,
  stellen Sie sicher, dass sie noch in Ihrer
  Amazon-Bibliothek verfügbar sind.
  Möglicherweise müssen Sie sie manuell über die
  Seite **„Inhalte und Geräte verwalten"**
  bereitstellen .
- **Probleme bei der USB-Übertragung : Wenn**
  Dateien nicht über USB übertragen werden,
  stellen Sie sicher, dass der Kindle von Ihrem
  Computer richtig erkannt wird und dass Sie
  die Dateien in den Ordner „Dokumente"
  kopieren .

Kapitel 8

Wartung und Pflege

Reinigung und Wartung Ihres Kindle Paperwhite

Um sicherzustellen, dass Ihr Kindle Paperwhite weiterhin optimale Leistung bringt und sein elegantes Aussehen behält, sind regelmäßige Reinigung und Wartung erforderlich. Der Kindle Paperwhite ist auf Langlebigkeit ausgelegt, aber wie bei jedem elektronischen Gerät verlängert die richtige Pflege seine Lebensdauer, beugt Problemen vor und sorgt dafür, dass er wie neu aussieht. Diese Anleitung führt Sie durch die wichtigsten Schritte zur Reinigung und Wartung Ihres Kindle Paperwhite.

Reinigen des Bildschirms

Der Bildschirm ist der wichtigste Teil Ihres Kindle Paperwhite. Da er **E-Ink-** Technologie verwendet, unterscheidet er sich von normalen LCD-Bildschirmen und kann Staub, Fingerabdrücke und Flecken anziehen. Wenn Sie den Bildschirm sauber halten, ist ein klares, klares Leseerlebnis gewährleistet.

Schritte zum Reinigen des Bildschirms :

1. **Schalten Sie das Gerät aus** : Schalten Sie Ihren Kindle Paperwhite immer aus, bevor Sie den Bildschirm reinigen, um versehentliches Tippen oder Ändern der Einstellungen während der Reinigung zu vermeiden.

2. **Verwenden Sie ein weiches, fusselfreies Tuch** : Wählen Sie ein Mikrofasertuch oder ein anderes weiches, fusselfreies Tuch, das den Bildschirm nicht zerkratzt. Verwenden Sie keine Papiertücher, Servietten oder andere raue Stoffe.

3. **Sanft abwischen** : Wischen Sie den Bildschirm mit kreisenden Bewegungen ab, um Staub und Fingerabdrücke zu entfernen. Drücken Sie nicht zu fest, um eine Beschädigung des Displays zu vermeiden.

4. **Verwenden Sie bei Bedarf eine kleine Menge Wasser** : Wenn der Bildschirm besonders schmutzig ist, befeuchten Sie das Tuch leicht mit Wasser. Verwenden Sie keine Reinigungsmittel, Sprays oder aggressiven Chemikalien, da diese den Bildschirm beschädigen können. Achten Sie immer darauf, dass das Tuch nur feucht und nicht nass ist, da zu viel Feuchtigkeit in das Gerät eindringen kann.

Reinigen des Kindle-Gehäuses

Auf dem Gehäuse Ihres Kindle Paperwhite können sich außerdem Schmutz, Staub und Öle von Ihren Händen ansammeln. Regelmäßiges Reinigen des Gehäuses sorgt dafür, dass Ihr Gerät makellos aussieht und Tasten und Anschlüsse problemlos funktionieren.

Schritte zur Reinigung des Körpers :

1. **Verwenden Sie ein trockenes Tuch** : Wischen Sie zur regelmäßigen Reinigung die Außenseite des Kindle einfach mit einem trockenen Mikrofasertuch ab. Achten Sie darauf, alle Fingerabdrücke oder Flecken auf der Rückseite und den Seiten zu entfernen.

2. **Entfernen Sie Schmutz von den Anschlüssen** : Wenn sich Staub oder Schmutz um den Ladeanschluss oder andere Öffnungen herum befindet, entfernen Sie ihn vorsichtig mit einer weichen Bürste oder Druckluft.

Vermeiden Sie die Verwendung scharfer Gegenstände, die das Gerät beschädigen könnten.

3. **Vermeiden Sie aggressive Chemikalien** : Verwenden Sie niemals Scheuermittel oder chemische Reinigungsmittel für das Gehäuse Ihres Kindle. Verwenden Sie nur ein trockenes oder leicht angefeuchtetes Tuch, um eine Beschädigung der Oberfläche zu vermeiden.

Erhaltung des Batteriezustands

Der Akku des Kindle Paperwhite ist so konzipiert, dass er mit einer einzigen Ladung mehrere Wochen hält. Um seine Langlebigkeit sicherzustellen, ist es jedoch wichtig, den Zustand des Akkus zu erhalten.

Tipps zur Batteriewartung :

1. **Überladung vermeiden** : Obwohl der Kindle Paperwhite für kontinuierliches Laden ausgelegt ist, sollten Sie ihn nicht zu lange angeschlossen lassen, wenn er 100 % erreicht hat. Wenn möglich, ziehen Sie den Stecker, sobald der Akku voll ist, um unnötigen Verschleiß des Akkus im Laufe der Zeit zu vermeiden.

2. **Verwenden Sie die Funktionen zum Energiesparen** : Um die Akkulaufzeit zu verlängern, nutzen Sie Funktionen wie das Ausschalten von WLAN, wenn Sie

es nicht verwenden, und das Anpassen der Bildschirmhelligkeit.

3. **Gelegentlich vollständig entladen** : Es ist eine gute Idee, den Akku gelegentlich vollständig zu entladen (bis 0 %) und ihn dann wieder auf 100 % aufzuladen. Dadurch bleibt die Effizienz des Akkus erhalten und der Ladezustand wird genau verfolgt.

4. **Vermeiden Sie extreme Temperaturen** : Bewahren Sie Ihren Kindle nicht in extrem heißen oder kalten Umgebungen auf, da Temperaturschwankungen die Batterie negativ beeinflussen können. Versuchen Sie, Ihren Kindle Paperwhite bei Raumtemperatur aufzubewahren, wenn Sie ihn nicht verwenden.

Regelmäßiges Aktualisieren der Software

Amazon veröffentlicht regelmäßig Software-Updates für Kindle-Geräte, darunter neue Funktionen, Sicherheitsverbesserungen und Fehlerbehebungen. Wenn Sie Ihren Kindle auf dem neuesten Stand halten, stellen Sie sicher, dass Sie über die neuesten Funktionen und die beste Leistung verfügen.

Schritte zum Suchen nach Updates :

1. **Mit WLAN verbinden** : Stellen Sie sicher, dass Ihr Kindle Paperwhite mit einem WLAN-Netzwerk verbunden ist.

2. **Gehen Sie zu „Einstellungen"** : Tippen Sie auf das **Menüsymbol** in der oberen rechten Ecke des Bildschirms und wählen Sie **„Einstellungen"** .

3. **Nach Updates suchen** : Tippen Sie auf **Geräteoptionen > Erweiterte Optionen > Kindle aktualisieren** . Wenn ein Update verfügbar ist, befolgen Sie die Anweisungen auf dem Bildschirm, um es zu installieren. Es ist immer eine gute Idee, Ihr Gerät auf dem neuesten Stand zu halten, um das beste Benutzererlebnis zu genießen.

Speicherverwaltung und Dateibereinigung

Mit der Zeit können sich auf Ihrem Kindle Paperwhite unnötige Dateien ansammeln, beispielsweise alte Dokumente oder bereits gelesene Bücher. Durch die Verwaltung der auf Ihrem Gerät gespeicherten Inhalte wird die Leistung verbessert und Speicherplatz gespart.

Schritte zur Speicherverwaltung :

1. **Löschen Sie unerwünschte Bücher** : Gehen Sie regelmäßig Ihre Bibliothek durch und löschen Sie Bücher oder Dokumente, die Sie nicht mehr benötigen. Dies können Sie über den **Startbildschirm** oder durch Auswahl **von „Inhalte und Geräte verwalten"** auf der Amazon-Website tun.

2. **Organisieren mit Sammlungen** : Erstellen Sie Sammlungen, um Ihre Bücher effizienter zu organisieren. So können Sie leichter in Ihrer Bibliothek navigieren und finden, was Sie brauchen, ohne Zeit damit zu verschwenden, durch eine lange Liste von Büchern zu scrollen.

3. **In die Cloud verschieben** : Wenn Sie Bücher behalten, aber Speicherplatz auf Ihrem Gerät freigeben möchten, verschieben Sie sie in die Cloud. Sie können jederzeit auf diese Bücher zugreifen, indem Sie sie aus der Cloud wieder auf Ihren Kindle herunterladen.

Sorgfältiger Umgang mit Ihrem Kindle

Wenn Sie Ihren Kindle Paperwhite richtig pflegen, bleibt er sowohl funktional als auch optisch in gutem Zustand. Einfache Maßnahmen wie die Verwendung einer Schutzhülle und der sorgfältige Umgang mit dem Gerät können Kratzer, Stürze und andere Schäden verhindern.

Pflegetipps :

1. **Verwenden Sie eine Hülle** : Eine Schutzhülle schützt Ihren Kindle vor Kratzern und versehentlichem Herunterfallen. Viele Hüllen sind speziell für den Kindle Paperwhite konzipiert und bieten eine gute Passform, die das Gerät schützt, ohne zu viel Masse hinzuzufügen.

2. **Vermeiden Sie Kontakt mit Wasser** : Obwohl der Kindle Paperwhite bis zu einem gewissen Grad **wasserfest ist** , sollten Sie ihn dennoch nicht übermäßiger Feuchtigkeit aussetzen. Seien Sie vorsichtig, wenn Sie ihn in der Nähe von Schwimmbädern, Stränden oder in feuchter Umgebung verwenden.

3. **Schützen Sie es vor extremer Hitze** : Übermäßige Hitze kann Ihr Kindle verformen oder beschädigen. Lassen Sie es nicht in heißen Umgebungen liegen, wie z. B. in einem Auto an einem sonnigen Tag oder in der Nähe einer Wärmequelle.

Fehlerbehebung bei allgemeinen Problemen

Trotz seiner Langlebigkeit kann es bei Ihrem Kindle Paperwhite gelegentlich zu Problemen kommen. Regelmäßige Wartung und schnelle Fehlerbehebung können die meisten Probleme beheben.

Häufige Kindle-Probleme und -Lösungen :

1. **Eingefrorener Bildschirm** : Wenn der Bildschirm einfriert oder nicht mehr reagiert, versuchen Sie, Ihren Kindle neu zu starten, indem Sie die Einschalttaste etwa 20 Sekunden lang gedrückt halten, bis er neu startet.

2. **Akku entlädt sich schnell** : Wenn der Akku zu schnell leer wird, verringern Sie die

Bildschirmhelligkeit, schalten Sie WLAN aus, wenn es nicht verwendet wird, und prüfen Sie, ob Hintergrund-Apps oder -Prozesse zu viel Strom verbrauchen.

3. **Ladeprobleme** : Wenn Ihr Kindle nicht richtig lädt, überprüfen Sie das Ladekabel und den Adapter auf Beschädigungen. Sie können auch ein anderes Ladekabel oder eine andere Steckdose ausprobieren, um festzustellen, ob das Problem am Kabel oder am Anschluss liegt.

Tipps zur Minimierung von Störungen

Obwohl Ihr Kindle Paperwhite für ein reibungsloses Leseerlebnis konzipiert ist, können bestimmte externe Faktoren die Leistung beeinträchtigen. Ob Umgebungsbedingungen, Signalstörungen oder gerätespezifische Probleme: Für eine optimale Nutzung ist es wichtig zu wissen, wie Sie diese Störungen minimieren können. Hier sind einige Tipps, um sicherzustellen, dass Sie ein reibungsloses Kindle-Erlebnis ohne Unterbrechungen genießen können.

Vermeiden Sie magnetische und elektronische Störungen

Kindle Paperwhite ist ein empfindliches Gerät und kann durch Magnetfelder oder starke elektronische Interferenzen beeinträchtigt werden. Bestimmte Geräte wie Lautsprecher, Magnete oder Hochleistungselektronik können die Leistung des Geräts, insbesondere des Touchscreens, beeinträchtigen.

So minimieren Sie Störungen :

- **Von Magneten fernhalten** : Platzieren Sie Ihren Kindle nicht in der Nähe magnetischer Quellen wie Kühlschrankmagneten oder magnetischen Handyhüllen, da diese die Sensoren und Touch-Funktionen des Geräts beeinträchtigen können.

- **Begrenzen Sie die Belastung durch andere elektronische Geräte** : Halten Sie Ihren Kindle von anderen elektronischen Geräten wie Radios, großen Lautsprechern oder Elektrowerkzeugen fern. Diese Geräte können elektromagnetische Wellen aussenden, die die drahtlose Verbindung und die Touch-Funktionalität des Kindle beeinträchtigen.

Optimieren Sie das WLAN-Signal für eine bessere Konnektivität

WLAN ist für die Synchronisierung Ihres Kindle Paperwhite, das Herunterladen von Büchern und den Zugriff auf Cloud-Speicher unerlässlich. Wenn bei Downloads oder Synchronisierungsproblemen Probleme auftreten, kann dies an einem schwachen oder überlasteten WLAN-Signal liegen.

So minimieren Sie Wi-Fi-Interferenzen :

- **Verwenden Sie ein stabiles Netzwerk** : Stellen Sie sicher, dass Sie mit einem stabilen Hochgeschwindigkeits-WLAN-Netzwerk verbunden sind. Ein schwankendes oder langsames Netzwerk kann zu Verzögerungen beim Synchronisieren oder Herunterladen von Inhalten führen.

- **Minimieren Sie die WLAN-Überlastung** : Wenn Sie Ihr Netzwerk mit mehreren Geräten wie Computern, Smartphones oder Spielekonsolen teilen, kann dies zu einer Netzwerküberlastung führen. Versuchen Sie, Ihren Kindle Paperwhite zu verwenden, wenn weniger Geräte verbunden sind, oder verwenden Sie ein dediziertes WLAN-Netzwerk nur für Ihren Kindle.

- **Position in der Nähe des Routers** : Stellen Sie, wenn möglich, sicher, dass Ihr Kindle nahe genug am Router steht, um das stärkste Signal zu erhalten. Vermeiden Sie dicke Wände oder

Hindernisse, die die Signalstärke verringern könnten.

- **Deaktivieren Sie WLAN, wenn es nicht verwendet wird** : Schalten Sie WLAN aus, wenn Sie es nicht benötigen, um den Akku zu schonen und Störungen anderer Prozesse auf Ihrem Gerät zu vermeiden.

Bildschirmhelligkeit verwalten

Der Kindle Paperwhite verfügt über einen E-Ink-Bildschirm, der für einfaches Lesen bei unterschiedlichen Lichtverhältnissen konzipiert ist. Wenn die Helligkeit jedoch zu hoch oder zu niedrig ist, kann dies Ihre Augen belasten und in seltenen Fällen die Klarheit des Displays beeinträchtigen.

So minimieren Sie Anzeigestörungen :

- **Passen Sie die Helligkeit entsprechend an** : Verwenden Sie die Funktion zur Helligkeitsanpassung, um sicherzustellen, dass der Bildschirm für Ihre Leseumgebung weder zu hell noch zu dunkel ist. Hohe Helligkeitseinstellungen in dunklen Räumen können Blendung und Ermüdung verursachen, während niedrige Helligkeit in hellen Umgebungen das Lesen von Text erschweren kann.

- **Automatische Helligkeitsanpassung verwenden** : Wenn Ihr Kindle Paperwhite die automatische Helligkeitsanpassung unterstützt, aktivieren Sie diese Funktion, damit sich das Gerät automatisch an veränderte Lichtverhältnisse anpasst und so die Notwendigkeit manueller Anpassungen reduziert wird.

Bewahren Sie Ihren Kindle in einer Schutzhülle auf

Obwohl der Kindle Paperwhite auf Langlebigkeit und Wasserbeständigkeit ausgelegt ist, trägt die Verwendung einer Schutzhülle dazu bei, das Gerät vor versehentlichem Herunterfallen, Stößen oder Kratzern zu schützen, die die Funktionalität des Geräts physisch beeinträchtigen können.

So minimieren Sie physische Störungen :

- **Verwenden Sie eine weiche, stoßfeste Hülle** : Investieren Sie in eine Schutzhülle, die weich ist und Stöße absorbiert. Dies kann dazu beitragen, das Gerät vor versehentlichem Herunterfallen oder Stößen zu schützen, die den Bildschirm oder die Tasten beeinträchtigen können.
- **Vermeiden Sie extremen Druck auf den Bildschirm** : Wenn Sie Ihren Kindle in Taschen oder Hosentaschen stecken, achten Sie darauf,

dass er nicht starkem Druck ausgesetzt wird, da dies zu Bildschirmschäden oder einer fehlenden Reaktion auf Berührungsgesten führen kann.

Minimieren Sie Stromstörungen

Manchmal können Stromschwankungen oder unsachgemäßes Laden zu Leistungsproblemen bei Ihrem Kindle führen. Es ist wichtig, sicherzustellen, dass Ihr Gerät richtig geladen wird und keinen Stromstößen oder -unterbrechungen ausgesetzt ist.

So minimieren Sie Stromstörungen :

- **Verwenden Sie einen zuverlässigen Ladeadapter** : Verwenden Sie immer das Ladekabel und den Adapter, die mit Ihrem Kindle Paperwhite geliefert wurden. Vermeiden Sie die Verwendung von Ladegeräten von Drittanbietern, da diese möglicherweise nicht die richtige Leistung liefern und dadurch möglicherweise Probleme mit dem Akku oder dem Laden verursachen.
- **Vermeiden Sie das Aufladen während der Nutzung** : Wenn Sie während des Ladevorgangs lesen oder andere Funktionen Ihres Kindles nutzen, kann es zu Hitzeentwicklung oder Leistungseinbußen kommen. Um dies zu minimieren, vermeiden Sie starke

Beanspruchung während des Ladevorgangs oder trennen Sie den Akku ab, sobald er vollständig geladen ist.

- **Überwachen Sie den Akkuzustand** : Überladen kann den Akku belasten und seine Lebensdauer verkürzen. Machen Sie es sich zur Gewohnheit, Ihren Kindle immer vom Strom zu trennen, wenn er vollständig aufgeladen ist, um Überladen zu vermeiden und die Akkulebensdauer zu verlängern.

Halten Sie die Software auf dem neuesten Stand

Amazon veröffentlicht regelmäßig Software-Updates für Kindle Paperwhite, die Fehler beheben, Funktionen verbessern und Interferenzprobleme beheben. Wenn Sie Ihren Kindle auf dem neuesten Stand halten, stellen Sie sicher, dass er die beste Leistung bringt.

So minimieren Sie softwarebedingte Störungen :

Automatische Updates aktivieren : Stellen Sie sicher, dass Ihr Kindle mit WLAN verbunden ist und die automatische Update-Funktion aktiviert ist. So wird sichergestellt, dass Ihr Gerät immer über die neuesten Verbesserungen und Fehlerbehebungen verfügt.

Manuell nach Updates suchen : Wenn automatische Updates nicht aktiviert sind, können Sie manuell nach Updates suchen, indem Sie zu **Einstellungen** > **Geräteoptionen** > **Erweiterte Optionen** > **Kindle aktualisieren gehen** . Updates können Fehler beheben, die die Funktionalität beeinträchtigen.

Minimieren Sie Störungen durch andere Apps und Funktionen

Bestimmte Funktionen oder Apps auf Ihrem Kindle Paperwhite können zu einer Verlangsamung des Systems führen oder die Leistung beeinträchtigen, insbesondere wenn Sie große Dateien heruntergeladen oder zu viele Dokumente gespeichert haben.

So minimieren Sie App- und Systemstörungen :

- **Unbenutzte Inhalte löschen** : Wenn Sie große Dateien oder Bücher haben, die Sie nicht mehr benötigen, löschen Sie sie von Ihrem Gerät, um Speicherplatz freizugeben. Dies gewährleistet einen reibungsloseren Betrieb und einen schnelleren Zugriff auf Ihre Bibliothek.
- **Deaktivieren Sie unnötige Funktionen** : Funktionen wie WLAN, Bluetooth oder Synchronisierung können bei Bedarf deaktiviert werden, um den Akku zu schonen und mögliche Störungen zu vermeiden. Dadurch wird auch die

Wahrscheinlichkeit verringert, dass Hintergrundprozesse das Gerät verlangsamen.

Bewahren Sie Ihren Kindle unter optimalen Umgebungsbedingungen auf

---

Extreme Temperaturen, Feuchtigkeit und direkte Sonneneinstrahlung können die Leistung Ihres Kindle Paperwhite ebenfalls beeinträchtigen.

So minimieren Sie Umwelteinflüsse :

- **Vermeiden Sie direkte Sonneneinstrahlung :** Obwohl der Kindle Paperwhite bei Sonnenlicht lesbar ist, kann eine längere direkte Sonneneinstrahlung zu einer Überhitzung des Bildschirms führen und mit der Zeit zu einer Qualitätsminderung führen.

- **An einem kühlen, trockenen Ort aufbewahren :** Lagern Sie Ihren Kindle nicht an einem übermäßig heißen oder feuchten Ort. Diese Bedingungen können zu einer Verfärbung des Bildschirms, einer Beschädigung der Batterie und anderen Funktionsproblemen führen.

Kapitel 9

Sicherheit und Compliance

Wichtige Sicherheitstipps zur Verwendung Ihres Geräts

Obwohl der Kindle Paperwhite ein langlebiges und benutzerfreundliches Gerät ist, ist es wie bei jedem elektronischen Gerät wichtig, Vorsichtsmaßnahmen zu treffen, um eine sichere Verwendung zu gewährleisten. Die ordnungsgemäße Handhabung, das Laden und die Lagerung Ihres Geräts verhindern potenzielle Gefahren und verlängern seine Lebensdauer. Hier sind einige wichtige Sicherheitstipps für die Verwendung Ihres Kindle Paperwhite.

1. **Verwenden Sie das richtige Ladegerät** : Verwenden Sie immer das von Amazon bereitgestellte Ladegerät und Kabel oder kompatible Alternativen, die den Sicherheitsstandards von Kindle entsprechen. Die Verwendung von Ladegeräten von Drittanbietern, die

nicht speziell für Kindle entwickelt wurden, kann zu Stromstößen, Überhitzung oder sogar zu dauerhaften Schäden am Akku führen.

Sicherheitstipps zum Laden

- **Verwenden Sie das offizielle Ladegerät** : Verwenden Sie nur das Ladekabel und den Adapter, die mit Ihrem Kindle Paperwhite mitgeliefert wurden, oder eines aus einer vertrauenswürdigen Quelle.
- **Überladung vermeiden** : Obwohl der Kindle so konzipiert ist, dass er den Ladevorgang beendet, sobald er voll ist, sollten Sie ihn nach Möglichkeit vom Strom trennen, wenn er vollständig aufgeladen ist, um eine unnötige Abnutzung der Batterie zu vermeiden.
- **Laden Sie in sicheren Umgebungen** : Schließen Sie Ihren Kindle immer an eine trockene, gut belüftete Steckdose an. Vermeiden Sie das Laden in der Nähe von Wasser oder in Bereichen mit hoher Luftfeuchtigkeit, um Kurzschlussgefahr zu vermeiden.

2. **Schützen Sie Ihren Kindle vor extremen Temperaturen** : Um einen sicheren Betrieb zu gewährleisten, sollte Ihr Kindle Paperwhite innerhalb der empfohlenen Temperaturbereiche verwendet und gelagert werden. Extreme Temperaturen können den

Bildschirm beschädigen, die Akkulaufzeit verkürzen oder Fehlfunktionen verursachen.

Sicherheitstipps zur Temperatur

- **Vermeiden Sie direkte Hitze** : Setzen Sie Ihren Kindle keinen Hitzequellen wie Heizkörpern, heißen Autos oder Öfen aus. Hohe Temperaturen können zu einer Überhitzung des Geräts und zu Schäden an den internen Komponenten führen.
- **Nicht in direktem Sonnenlicht liegen lassen** : Obwohl der Kindle Paperwhite für die Lesbarkeit in direktem Sonnenlicht konzipiert ist, kann eine längere Sonneneinstrahlung den Bildschirm beschädigen und zu einer Überhitzung führen.
- **An einem kühlen, trockenen Ort aufbewahren** : Bewahren Sie Ihren Kindle Paperwhite an einem kühlen, trockenen Ort auf, damit er nicht zu heiß oder zu kalt wird. Die empfohlene Betriebstemperatur liegt zwischen 0 °C und 35 °C.

3. **Halten Sie es von Wasser und Feuchtigkeit fern** : Obwohl der Kindle Paperwhite wasserabweisend ist (IPX8-zertifiziert), ist er nicht vollständig wasserdicht. Er kann ein kurzes Eintauchen in Wasser überstehen, aber eine längere Einwirkung von Feuchtigkeit kann das Gerät beschädigen.

Sicherheitstipps bei Feuchtigkeit :

- **Vermeiden Sie das Eintauchen in Wasser : Sie können** Ihren Kindle zwar für kurze Zeit sicher in der Badewanne oder am Pool verwenden , tauchen Sie ihn jedoch nicht für längere Zeit unter, insbesondere nicht in Salz- oder Chlorwasser, da dies die inneren Komponenten beschädigen kann.
- **Nicht bei Nässe verwenden** : Verwenden Sie Ihren Kindle niemals mit nassen Händen und vermeiden Sie die Verwendung in feuchten Umgebungen wie Duschen oder Saunen, wo das Risiko einer Feuchtigkeitsbelastung höher ist.

4. Schützen Sie Ihren Kindle vor physischen Schäden : Physische Schäden wie Risse im Bildschirm, Kratzer oder Stürze können die Funktionalität des Kindle Paperwhite beeinträchtigen . Die richtige Pflege und Handhabung sind unerlässlich, um das Gerät vor unnötigem Verschleiß zu schützen.

Sicherheitstipps zum physischen Schutz

- **Verwenden Sie eine Hülle** : Investieren Sie in eine Schutzhülle oder -hülle für Ihren Kindle. Dies schützt ihn nicht nur vor Kratzern und Stößen, sondern verringert auch die Gefahr einer Beschädigung, falls er versehentlich herunterfällt.

- **Überlasten Sie das Gerät nicht** : Obwohl der Kindle leicht ist, vermeiden Sie es, zu viel Gewicht auf das Gerät zu legen, indem Sie schwere Gegenstände in derselben Tasche oder demselben Hosenfach verstauen. Übermäßiger Druck kann Risse im Bildschirm verursachen oder die innere Struktur beschädigen.
- **Vorsichtig handhaben** : Gehen Sie immer vorsichtig mit Ihrem Kindle um, insbesondere wenn Sie ihn von einem Ort zum anderen transportieren. Werfen Sie ihn nicht in Taschen oder auf harte Oberflächen, wo er auf den Ecken oder dem Bildschirm landen könnte.

5. **Bewahren Sie das Gerät außerhalb der Reichweite von Kindern und Haustieren auf** : Obwohl der Kindle Paperwhite ein langlebiges Gerät ist, wissen kleine Kinder und Haustiere möglicherweise nicht, wie sie richtig damit umgehen, was zu versehentlichen Schäden führen kann.

Sicherheitstipps für Kinder und Haustiere

- **Beaufsichtigen Sie die Verwendung** : Wenn Ihr Kind oder Haustier Ihren Kindle verwendet, beaufsichtigen Sie es immer. Kinder könnten versucht sein, das Gerät zu werfen oder fallen zu lassen, während Haustiere möglicherweise an

Kabeln kauen oder versuchen, mit der Pfote auf den Bildschirm zu hauen.

- **Sicher aufbewahren** : Wenn Sie Ihren Kindle nicht verwenden, bewahren Sie ihn an einem sicheren Ort auf, wo Kinder und Haustiere ihn nicht erreichen können. So verhindern Sie, dass er versehentlich herunterfällt, gebissen wird oder andere Vorfälle passieren.

6. **Vermeiden Sie Überanstrengung und Unbehagen der Augen** : Obwohl der E-Ink-Bildschirm des Kindle Paperwhite eine Augenschonung darstellt, ist es dennoch wichtig, bei längeren Lesesitzungen Pausen einzulegen, um eine Überanstrengung oder Ermüdung der Augen zu vermeiden.

Sicherheitstipps für komfortables Lesen

- **Machen Sie Pausen** : Befolgen Sie die 20-20-20-Regel – machen Sie alle 20 Minuten eine 20-sekündige Pause und schauen Sie auf etwas, das 20 Fuß entfernt ist. Dies verringert die Augenbelastung und hilft Ihren Augen, entspannt zu bleiben.
- **Passen Sie die Bildschirmhelligkeit an** : Wenn Sie lange lesen, passen Sie die Helligkeit des Bildschirms auf ein angenehmes Niveau an. Zu viel Licht kann zu Blendung führen, während zu wenig Licht das Lesen erschweren kann.

- **Lesen Sie in einem gut beleuchteten Bereich** : Obwohl der Kindle Paperwhite über ein eingebautes Licht verfügt, kann das Lesen bei schlechten Lichtverhältnissen über längere Zeiträume dennoch unangenehm sein. Versuchen Sie, in einem Bereich mit Umgebungslicht zu lesen, um das angenehmste Leseerlebnis zu haben.

7. **Akkuzustand erhalten** : Der Akku des Kindle Paperwhite ist so konzipiert, dass er mit einer einzigen Ladung wochenlang hält. Eine vernachlässigte Akkupflege kann jedoch zu einer kürzeren Akkulaufzeit und zu Problemen beim Aufladen führen.

Sicherheitstipps zur Batteriegesundheit :

- **Vermeiden Sie übermäßiges Aufladen** : Obwohl der Kindle für das Aufladen konzipiert ist, sollten Sie ihn nach Möglichkeit ausstecken, wenn der Akku vollständig geladen ist, um ein Überladen und eine unnötige Belastung des Akkus zu vermeiden.
- **Nicht während des Ladevorgangs verwenden** : Wenn Sie Ihren Kindle während des Ladevorgangs verwenden, kann dies zu Hitzeentwicklung und einer Überlastung des Akkus führen. Vermeiden Sie nach Möglichkeit

das Lesen oder Verwenden von Apps, während Ihr Gerät angeschlossen ist.

- **Überwachen Sie den Akkustand** : Behalten Sie den Akkustand im Auge und laden Sie Ihren Kindle auf, wenn er unter 20 % liegt. Dies trägt dazu bei, die Leistung des Akkus langfristig zu erhalten.

8. **Verwenden Sie die Kindle-Funktionen verantwortungsvoll** : Der Kindle Paperwhite bietet eine Vielzahl von Funktionen, die Ihr Leseerlebnis verbessern sollen. Einige dieser Funktionen erfordern jedoch einen sorgfältigen Umgang, um eine sichere und effiziente Nutzung zu gewährleisten.

Sicherheitstipps für Funktionen

- **VoiceView-Bildschirmleser** : Wenn Sie den VoiceView-Bildschirmleser zur Barrierefreiheit verwenden, stellen Sie sicher, dass sich das Gerät in einer ruhigen Umgebung befindet, um zu verhindern, dass externe Geräusche die Audiorückmeldung stören.
- **WLAN und Bluetooth** : Schalten Sie WLAN und Bluetooth aus, wenn Sie sie nicht verwenden, um die Batterie zu schonen und Sicherheitsrisiken vorzubeugen. Vermeiden Sie die Verbindung Ihres Kindle mit öffentlichen

WLAN-Netzwerken, um Ihre Privatsphäre zu schützen.

- **Geräteaktualisierungen** : Suchen Sie regelmäßig nach Softwareaktualisierungen, damit Ihr Kindle sicher ist und reibungslos läuft. Aktualisierte Software hilft, Fehler zu beheben, die Leistung zu verbessern und die Gerätesicherheit zu erhöhen.

9. **Fehlerbehebung und Support** : Wenn Sie jemals Probleme mit Ihrem Kindle haben, zögern Sie nicht, den Support zu kontaktieren. Amazon bietet eine Vielzahl von Ressourcen zur Fehlerbehebung, mit denen Sie Probleme sicher lösen können, ohne das Gerät zu beschädigen .

Sicherheitstipps zur Fehlerbehebung

- **Vermeiden Sie Selbstreparaturen** : Wenn Ihr Kindle nicht richtig funktioniert, versuchen Sie nicht, ihn selbst zu reparieren. Das Öffnen des Geräts oder der Versuch einer nicht autorisierten Reparatur kann zum Erlöschen der Garantie und zu weiteren Schäden führen.
- **Verwenden Sie offizielle Supportkanäle** : Wenden Sie sich an den Amazon-Kundendienst, um Unterstützung zu erhalten. Er kann Sie durch die Schritte zur Fehlerbehebung führen und

sichere Lösungen für Ihren Kindle Paperwhite anbieten.

Regulatorische Informationen

Der Kindle Paperwhite unterliegt wie alle elektronischen Geräte verschiedenen Vorschriften und Standards, um seine sichere Verwendung und die Einhaltung von Umweltgesetzen zu gewährleisten. Das Verständnis der behördlichen Informationen ist für Benutzer unerlässlich, um sicherzustellen, dass das Gerät innerhalb der von den Aufsichtsbehörden festgelegten Parameter verwendet wird.

1. **Einhaltung der FCC-Vorschriften** : Der Kindle Paperwhite entspricht den Vorschriften der Federal Communications Commission (FCC) hinsichtlich Hochfrequenzemissionen. Dies bedeutet, dass das Gerät die von der FCC festgelegten Richtlinien zur Begrenzung der HF-Energiebelastung erfüllt, die sicherstellen sollen, dass elektronische Geräte keine schädlichen Strahlungsmengen abgeben.

- **FCC-ID** : Sie finden die FCC-ID für Ihren Kindle Paperwhite in den Geräteeinstellungen oder im Benutzerhandbuch.

- **HF-Belastung** : Das Gerät wurde gemäß den FCC-Richtlinien auf HF-Belastung getestet. Benutzer sollten das Gerät nicht mit der Antenne direkt am Körper betreiben und während des Betriebs längeren engen Kontakt vermeiden, z. B. das Tragen in Taschen oder enger Kleidung.

2. **CE-Kennzeichnung (Europäische Union)** : Für Benutzer in der Europäischen Union (EU) trägt der Kindle Paperwhite die CE-Kennzeichnung, die anzeigt, dass er die grundlegenden Anforderungen der EU-Richtlinien für Sicherheit, Gesundheit und Umweltschutz erfüllt. Dazu gehören Folgendes:

- **Elektromagnetische Verträglichkeit (EMV)** : Der Kindle Paperwhite entspricht den EMV-Richtlinien der EU, um sicherzustellen, dass er keine schädlichen Interferenzen mit anderen elektronischen Geräten verursacht.
- **Niederspannungsrichtlinie (LVD)** : Der Kindle Paperwhite entspricht auch der Niederspannungsrichtlinie der EU, um sicherzustellen, dass er innerhalb des zulässigen Spannungsbereichs sicher funktioniert und das Risiko eines Stromschlags oder Brandes verringert wird.
- **RoHS- Konformität** : Der Kindle Paperwhite entspricht der RoHS -Richtlinie (Restriction of Hazardous Substances) der EU, die die

Verwendung bestimmter gefährlicher Stoffe bei der Herstellung elektrischer und elektronischer Geräte einschränkt. Dadurch sollen Umweltbelastungen und Gesundheitsrisiken verringert werden.

3. **Sicherheit und Handhabung des Akkus** : Der Kindle Paperwhite verwendet einen Lithium-Ionen-Akku, der verschiedenen Sicherheitsstandards unterliegt, um eine sichere Verwendung und Handhabung zu gewährleisten.

- **Batteriesicherheit** : Um Feuer, Explosionen oder Verletzungen zu vermeiden, setzen Sie das Gerät keinen extremen Temperaturen oder physischen Schäden aus und verwenden Sie immer das offizielle Ladegerät für den Kindle Paperwhite.
- **Recycling** : Wenn die Batterie das Ende ihrer Nutzungsdauer erreicht hat, stellen Sie sicher, dass sie entsprechend den örtlichen Umweltvorschriften ordnungsgemäß entsorgt oder recycelt wird. Werfen Sie das Gerät oder die Batterie niemals in den normalen Hausmüll.

4. **Umweltaspekte** : Beim Design des Kindle Paperwhite wurde auf Nachhaltigkeit geachtet. Amazon unternimmt Schritte, um die Umweltauswirkungen seiner Produkte und Verpackungen zu minimieren.

- **Verpackung** : Die Verpackung des Kindle Paperwhite besteht, soweit möglich, aus recycelbaren Materialien und Amazon arbeitet kontinuierlich daran, seinen CO_2-Fußabdruck durch die Verwendung nachhaltigerer Materialien zu reduzieren.

- **Energieeffizienz** : Der Kindle Paperwhite ist energieeffizient gebaut und verfügt über ein E-Ink-Display und ein anpassbares Frontlicht, das beim Stromsparen hilft. Das Gerät ist so konzipiert, dass es mit einer einzigen Ladung wochenlang hält, was die Ladehäufigkeit und die Umweltbelastung reduziert.

5. **Gesundheits- und Sicherheitswarnungen** : Obwohl der Kindle Paperwhite im Allgemeinen sicher in der Anwendung ist, sollten Benutzer dennoch bestimmte Gesundheits- und Sicherheitsrichtlinien befolgen:

- **Augenschutz** : Obwohl der Kindle Paperwhite ein E-Ink-Display verwendet, das Blendeffekte reduziert und Papier imitiert, kann längeres Lesen dennoch zu einer Überanstrengung der Augen führen. Benutzern wird empfohlen, regelmäßig Pausen einzulegen, um Ermüdung vorzubeugen.

- **Hörbehinderung** : Wenn Sie VoiceView oder andere Audiofunktionen verwenden, achten Sie darauf, dass die Lautstärke auf einem sicheren

Niveau gehalten wird, um Hörschäden zu vermeiden.

- **Kinder und Haustiere** : Bewahren Sie den Kindle Paperwhite außerhalb der Reichweite von Kleinkindern und Haustieren auf, da Kleinteile und Zubehör eine Erstickungsgefahr darstellen können. Achten Sie außerdem darauf, dass Kinder das Gerät nicht über längere Zeiträume verwenden, um eine Überanstrengung ihrer Augen zu vermeiden.

6. **Drahtloses Netzwerk und Nutzung von Hochfrequenzen** : Der Kindle Paperwhite verfügt über WLAN und bei einigen Modellen auch über Mobilfunkverbindung. Diese drahtlosen Kommunikationssysteme sind reguliert, um sicherzustellen, dass sie innerhalb der sicheren Grenzen für die Hochfrequenzbelastung arbeiten.

- **Wi-Fi-Konformität** : Das Gerät entspricht den örtlichen Bestimmungen zur Wi-Fi-Nutzung und funktioniert in der jeweiligen Region nur innerhalb der für Wi-Fi-Netzwerke vorgesehenen Frequenzbänder.
- **Mobilfunkmodelle** : Bei den Mobilfunkversionen des Kindle Paperwhite entspricht das Gerät den geltenden lokalen Gesetzen zur Nutzung mobiler Netzwerke, einschließlich der in den einzelnen Ländern

zugelassenen Kommunikationsprotokolle und Frequenzbänder.

7. Garantie- und Serviceinformationen : Der Kindle Paperwhite wird mit einer Standardgarantie geliefert, die Herstellungsfehler für einen bestimmten Zeitraum abdeckt. Benutzern wird empfohlen, den Kaufbeleg für Garantiezwecke aufzubewahren.

- **Garantieumfang** : Die Garantie deckt im Allgemeinen Material- und Verarbeitungsfehler bei normalem Gebrauch ab. Sie deckt keine Schäden ab, die durch Missbrauch, nicht autorisierte Reparaturen oder Unfälle entstehen.
- **Service und Reparaturen** : Wenn Ihr Kindle Paperwhite gewartet werden muss, wenden Sie sich am besten an den Amazon-Kundendienst. Die autorisierten Reparaturzentren von Amazon sind für sichere und zertifizierte Reparaturen ausgestattet.

8. Einhaltung lokaler Gesetze : Der Kindle Paperwhite ist für die Verwendung in den meisten Regionen der Welt vorgesehen. Bestimmte Gesetze und Vorschriften können jedoch je nach Land oder Region unterschiedlich sein. Stellen Sie sicher, dass Ihr Gerät in Übereinstimmung mit den lokalen Gesetzen für elektronische Geräte verwendet wird, einschließlich

Datenschutz, drahtloser Kommunikation und Sicherheitsvorschriften.

- **Lokale Konformität** : Bevor Sie Ihren Kindle Paperwhite international verwenden, überprüfen Sie, ob das Gerät den lokalen Bestimmungen hinsichtlich drahtloser Kommunikation und Gerätesicherheit entspricht. In einigen Ländern gelten möglicherweise Einschränkungen oder eine Zertifizierung für elektronische Geräte.

Kapitel 10

Fehlerbehebung und Support

Häufige Probleme und Lösungen

Obwohl der Kindle Paperwhite für seine Zuverlässigkeit und Benutzerfreundlichkeit bekannt ist, kann es wie bei jedem elektronischen Gerät gelegentlich zu Problemen kommen. Nachfolgend finden Sie eine Liste der häufigsten Probleme, mit denen Kindle Paperwhite-Benutzer konfrontiert werden, sowie die entsprechenden Lösungen.

1. Kindle lässt sich nicht einschalten

Problem : Das Gerät lässt sich nicht einschalten, auch wenn Sie die Einschalttaste drücken.

Lösung :

- **Laden Sie das Gerät auf** : Manchmal lässt sich der Kindle Paperwhite aufgrund einer schwachen oder leeren Batterie nicht einschalten. Schließen Sie ihn mindestens 30 Minuten lang an das Ladegerät an und versuchen Sie dann erneut, ihn einzuschalten.

- **Gerät zurücksetzen** : Wenn das Laden nicht funktioniert, versuchen Sie einen Soft-Reset. Halten Sie den Einschaltknopf 40 Sekunden lang gedrückt, um einen Neustart zu erzwingen. Dadurch werden Ihre Inhalte nicht gelöscht, es können jedoch kleinere Systemprobleme behoben werden.

- **Überprüfen Sie das Ladekabel** : Stellen Sie sicher, dass das Ladegerät und das Kabel ordnungsgemäß funktionieren. Wenn das Kabel oder der Adapter defekt ist, versuchen Sie es mit einem anderen oder laden Sie den Kindle mit einem Ladegerät auf, von dem Sie wissen, dass es funktioniert.

2. Eingefrorener oder nicht reagierender Bildschirm

Problem : Der Kindle-Bildschirm ist eingefroren und keine der Touch-Bedienelemente reagiert.

Lösung :

- **Starten Sie den Kindle neu** : Ein einfacher Neustart kann dieses Problem oft lösen. Halten Sie den Einschaltknopf 40 Sekunden lang gedrückt, warten Sie, bis der Kindle neu gestartet wird, und prüfen Sie, ob das Problem behoben ist.

- **Nach Software-Updates suchen** : Stellen Sie sicher, dass auf Ihrem Kindle die neueste Software installiert ist. Sie können im Einstellungsmenü nach verfügbaren Updates suchen. Manchmal kann veraltete Software Leistungsprobleme verursachen.

3. Probleme mit der Wi-Fi-Konnektivität

Problem : Der Kindle Paperwhite kann keine Verbindung zum WLAN herstellen oder die Verbindung wird ständig getrennt.

Lösung :

- **Starten Sie das Gerät neu** : Schalten Sie den Kindle aus und wieder ein, um die WLAN-Einstellungen zurückzusetzen.
- **Vergessen und erneut mit WLAN verbinden** : Gehen Sie zu den WLAN-Einstellungen, wählen Sie Ihr Netzwerk aus und wählen Sie „Vergessen". Stellen Sie dann die Verbindung erneut her, indem Sie das WLAN-Passwort erneut eingeben.

- **Routereinstellungen prüfen** : Stellen Sie sicher, dass Ihr Router ordnungsgemäß funktioniert und sich der Kindle in Reichweite befindet. Wenn es Probleme mit dem Router gibt, versuchen Sie, ihn neu zu starten.

- **Wechseln Sie zu einem anderen Netzwerk** : Wenn das Problem weiterhin besteht, versuchen Sie, eine Verbindung zu einem anderen WLAN-Netzwerk herzustellen, um festzustellen, ob das Problem bei Ihrem ursprünglichen Netzwerk liegt.

4. Kindle synchronisiert keine Inhalte

Problem : Ihr Kindle Paperwhite wird nicht mit Ihrem Amazon-Konto synchronisiert, d. h. Bücher oder andere Inhalte werden auf dem Gerät nicht angezeigt.

Lösung :

- **Überprüfen Sie Ihre Internetverbindung** : Eine schwache oder instabile Verbindung kann die Synchronisierung verhindern. Stellen Sie sicher, dass Ihr Kindle mit einem stabilen WLAN-Netzwerk verbunden ist.

- **Manuell synchronisieren** : Gehen Sie zum Einstellungsmenü und wählen Sie „Mein Kindle synchronisieren", um Ihr Gerät manuell mit Ihrem Amazon-Konto zu synchronisieren.

- **Abmelden und erneut anmelden** : Versuchen Sie, sich von Ihrem Amazon-Konto abzumelden und dann erneut anzumelden. Dadurch können Synchronisierungsprobleme häufig behoben werden.

- **Suchen Sie nach Software-Updates** : Stellen Sie sicher, dass die Software Ihres Kindle auf dem neuesten Stand ist, da veraltete Software manchmal Synchronisierungsprobleme verursachen kann.

5. Schlechte Akkulaufzeit

Problem : Die Batterie entlädt sich selbst bei minimaler Nutzung zu schnell.

Lösung :

- **Helligkeit anpassen** : Reduzieren Sie die Bildschirmhelligkeit oder wechseln Sie in den „Dunkelmodus", um die Akkulaufzeit zu verlängern.

- **WLAN ausschalten** : Wenn Sie WLAN nicht benötigen, schalten Sie es aus. Der Kindle Paperwhite verbraucht viel Akku, während er mit einem Netzwerk verbunden ist .

- **Im Hintergrund ausgeführte Apps schließen** : Wenn Sie andere Apps oder Funktionen ausführen, schließen Sie diese, um Strom zu sparen.
- **Auf Werkseinstellungen zurücksetzen** : Wenn sich der Akku Ihres Kindles trotz dieser Maßnahmen weiterhin schnell entlädt, kann ein Zurücksetzen auf Werkseinstellungen hilfreich sein. Denken Sie daran, vor dem Zurücksetzen Ihre Inhalte zu sichern, da dadurch alle Daten auf dem Gerät gelöscht werden.

6. Blendung oder schlechte Sicht auf dem Bildschirm

Problem : Unter bestimmten Lichtbedingungen, beispielsweise bei direkter Sonneneinstrahlung oder schwacher Beleuchtung, ist der Bildschirm schwer lesbar.

Lösung :

- **Bildschirmhelligkeit anpassen** : Verwenden Sie die Helligkeitssteuerung, um das Licht je nach Ihrer Leseumgebung zu erhöhen oder zu verringern. Der Kindle Paperwhite verfügt über ein einstellbares Frontlicht, das sowohl in hellen als auch in dunklen Umgebungen hilft.
- **Verwenden Sie den integrierten Dunkelmodus** : Wechseln Sie zum leichteren Lesen bei

schwachem Licht in den Dunkelmodus, der weißen Text auf schwarzem Hintergrund verwendet.

- **Displayschutz** : Wenn die Blendung anhält, sollten Sie einen matten Displayschutz verwenden. Dadurch werden Reflexionen reduziert und die Sichtbarkeit in hellen Umgebungen verbessert.

7. Kindle lädt nicht

Problem : Der Kindle Paperwhite scheint nicht zu laden, wenn er an das Ladegerät angeschlossen ist.

Lösung :

Überprüfen Sie das Ladekabel und den Adapter : Stellen Sie sicher, dass Kabel und Adapter ordnungsgemäß funktionieren. Versuchen Sie es mit einem anderen Ladegerät, um zu sehen, ob das Problem weiterhin besteht.

Reinigen Sie den Ladeanschluss : Staub oder Schmutz im Ladeanschluss können dazu führen, dass das Gerät nicht richtig aufgeladen wird. Reinigen Sie den Anschluss vorsichtig mit einem trockenen Tuch oder Druckluft.

Versuchen Sie es mit einer anderen Stromquelle : Schließen Sie den Kindle an eine andere Steckdose an, da die von Ihnen verwendete möglicherweise nicht funktioniert.

Aufladen im ausgeschalteten Zustand : Wenn das Gerät nicht reagiert, versuchen Sie, den Kindle im ausgeschalteten Zustand aufzuladen.

8. Kindle Paperwhite reagiert nicht auf Berührung

Problem : Der Bildschirm registriert kein Tippen oder Wischen und ist daher nicht navigierbar.

Lösung :

- **Reinigen Sie den Bildschirm** : Schmutz, Fett oder Feuchtigkeit auf dem Bildschirm können die Berührungsempfindlichkeit beeinträchtigen. Reinigen Sie den Bildschirm vorsichtig mit einem Mikrofasertuch.
- **Starten Sie das Gerät neu** : Wenn der Touchscreen immer noch nicht reagiert, führen Sie einen Neustart durch, indem Sie die Einschalttaste 40 Sekunden lang gedrückt halten, um das Gerät zurückzusetzen.
- **Entfernen Sie den Displayschutz** : Wenn Sie einen Displayschutz verwenden, kann dieser den Touchscreen beeinträchtigen. Versuchen Sie, ihn

zu entfernen und prüfen Sie, ob das Problem behoben ist.

9. Probleme mit Audible-Inhalten

Problem : Audible-Hörbücher funktionieren nicht oder es ist kein Ton zu hören.

Lösung :

- **Audioeinstellungen prüfen** : Stellen Sie sicher, dass die Lautstärke aufgedreht und nicht stummgeschaltet ist. Sie können die Lautstärke über die Geräteeinstellungen oder während der Hörbuchwiedergabe anpassen.
- **Überprüfen Sie die Bluetooth-Konnektivität** : Wenn Sie Bluetooth-Kopfhörer oder - Lautsprecher verwenden, stellen Sie sicher, dass diese ordnungsgemäß verbunden und in Reichweite sind.
- **Laden Sie das Hörbuch erneut herunter** : Wenn das Problem weiterhin besteht, versuchen Sie, das Hörbuch zu löschen und es erneut aus Ihrer Audible-Bibliothek herunterzuladen.

10. Kindle friert während Updates ein

Problem : Der Kindle Paperwhite friert während einer Softwareaktualisierung ein.

Lösung :

- **Warten Sie, bis das Update abgeschlossen ist :** Wenn Ihr Kindle auf dem Update-Bildschirm hängen bleibt, warten Sie etwas. Manchmal dauern Updates länger als erwartet.
- **Starten Sie das Gerät neu :** Wenn es über einen längeren Zeitraum nicht mehr reagiert, führen Sie einen Soft-Reset durch, indem Sie den Einschaltknopf 40 Sekunden lang gedrückt halten. Der Kindle sollte neu starten und das Update nach dem Neustart möglicherweise abschließen.
- **Kontaktieren Sie den Amazon-Support :** Wenn das Gerät während der Aktualisierung weiterhin einfriert, wenden Sie sich an den Amazon-Kundensupport, um Hilfe zu erhalten.

Zurücksetzen Ihres Kindle Paperwhite

Das Zurücksetzen Ihres Kindle Paperwhite kann eine nützliche Lösung sein, um hartnäckige Probleme zu beheben, wie z. B. fehlende Reaktion, Softwarefehler oder andere Probleme, die sich nicht durch einfache Fehlerbehebung beheben lassen. Es gibt zwei Hauptarten von Resets, die Sie beim Kindle Paperwhite durchführen können: einen **Soft-Reset** und einen **Hard-Reset (auch als Werksreset** bezeichnet). Jeder dient einem anderen Zweck, und wenn Sie wissen, wann Sie welchen verwenden sollten, können Sie dafür sorgen, dass Ihr Gerät reibungslos läuft.

1. Soft-Reset

Ein Soft-Reset ist im Wesentlichen ein Neustart Ihres Kindle Paperwhite. Dies kann helfen, kleinere Probleme zu beheben, ohne dass Ihre Daten wie Bücher, Einstellungen oder Voreinstellungen verloren gehen.

Schritte für einen Soft-Reset :

1. Drücken und halten Sie die Einschalttaste : Suchen Sie die Einschalttaste auf Ihrem Kindle Paperwhite, normalerweise an der Unter- oder Rückseite des Geräts.

2. 40 Sekunden lang gedrückt halten : Halten Sie die Einschalttaste 40 Sekunden lang gedrückt. Nach dieser Zeit wird der Bildschirm möglicherweise schwarz.

3. Warten Sie, bis der Kindle neu gestartet ist : Lassen Sie den Einschaltknopf nach 40 Sekunden los. Ihr Kindle sollte automatisch neu starten. Wenn dies nicht der Fall ist, drücken Sie den Einschaltknopf erneut, um ihn einzuschalten.

ein kleineres Softwareproblem vorliegt . Dabei werden keine Ihrer Inhalte gelöscht, daher ist es ein sicherer erster Schritt, bevor Sie drastischere Maßnahmen ergreifen.

2. Hard Reset (Werksreset)

Ein Zurücksetzen auf die Werkseinstellungen (auch als Hard Reset bekannt) löscht alle Daten auf Ihrem Kindle Paperwhite, einschließlich Ihrer Bücher, Einstellungen, WLAN-Netzwerke und persönlichen Informationen. Dadurch wird Ihr Gerät in seinen ursprünglichen, werkseitigen Zustand zurückversetzt. Ein Zurücksetzen auf die Werkseinstellungen wird häufig verwendet, wenn Ihr Kindle nach einem Soft Reset immer noch Probleme hat oder wenn Sie Ihr Gerät verkaufen oder verschenken und Ihre persönlichen Informationen löschen möchten.

Stellen Sie vor dem Zurücksetzen auf die Werkseinstellungen sicher, dass Sie alle wichtigen Inhalte sichern, indem Sie sie entweder mit Ihrem Amazon-Konto synchronisieren oder auf einen Computer übertragen .

Schritte zum Zurücksetzen auf Werkseinstellungen :

1. Öffnen Sie das Einstellungsmenü : Tippen Sie auf dem Startbildschirm auf das Menüsymbol (drei horizontale Linien) in der oberen rechten Ecke und wählen Sie „Einstellungen".

2. **Gehen Sie zu „Geräteoptionen"** : Scrollen Sie nach unten und tippen Sie auf „Geräteoptionen".

3. **„Zurücksetzen" auswählen** : Tippen Sie auf die Option „Zurücksetzen", die sich normalerweise unten im Menü befindet.

4. **Zurücksetzen bestätigen** : Sie werden aufgefordert zu bestätigen, dass Sie alle Inhalte und Einstellungen löschen möchten. Tippen Sie auf „Ja", um den Zurücksetzungsvorgang zu starten.

Der Resetvorgang kann einige Minuten dauern. Nach dem Zurücksetzen wird Ihr Kindle Paperwhite neu gestartet und führt Sie durch den ersten Einrichtungsvorgang, als wäre es ein neues Gerät.

Wann ist ein Werksreset erforderlich?

- **Dauerhafte Softwareprobleme** : Wenn Ihr Kindle nach einem Soft-Reset weiterhin nicht funktioniert, ist möglicherweise ein Zurücksetzen auf die Werkseinstellungen erforderlich.
- **Verkaufen oder Verschenken Ihres Kindle** : Wenn Sie planen, Ihren Kindle zu verkaufen oder zu verschenken, werden durch eine Zurücksetzung auf die Werkseinstellungen alle persönlichen Daten entfernt und sichergestellt,

dass der neue Besitzer ihn als neues Gerät einrichten kann.

- **Wiederherstellen der Standardeinstellungen** : Wenn Sie zu viele Änderungen an den Geräteeinstellungen vorgenommen haben oder Probleme bei der Behebung eines bestimmten Problems haben, werden durch eine Zurücksetzung auf die Werkseinstellungen die ursprünglichen Einstellungen des Geräts wiederhergestellt.

Wichtige Überlegungen vor dem Zurücksetzen

- **Sichern Sie Ihre Daten** : Beim Zurücksetzen auf die Werkseinstellungen werden sämtliche Inhalte von Ihrem Kindle gelöscht. Daher ist es wichtig, dass Sie Ihre Bücher, Einstellungen und anderen Daten in Ihrem Amazon-Konto sichern oder auf ein anderes Gerät übertragen.
- **Registrieren Sie Ihren Kindle neu** : Nach einem Zurücksetzen auf die Werkseinstellungen müssen Sie sich erneut mit Ihrem Amazon-Konto anmelden, um Ihre Bibliothek und Einstellungen wiederherzustellen. Stellen Sie sicher, dass Sie Ihre Amazon-Kontodaten zur Hand haben, bevor Sie das Gerät zurücksetzen.
- **Software-Updates** : Nach einem Reset müssen Sie möglicherweise die Software Ihres Kindle auf

die neueste Version aktualisieren. Sie können im Einstellungsmenü nach Updates suchen.

Kontaktaufnahme mit dem Amazon-Support

Wenn Sie Probleme mit Ihrem Kindle Paperwhite haben, die sich nicht durch Fehlerbehebung oder Zurücksetzen beheben lassen, oder wenn Sie Fragen zu Ihrem Gerät haben, steht Ihnen der Amazon-Support zur Verfügung. Amazon bietet verschiedene Supportoptionen an, mit denen Sie Probleme schnell und effizient lösen können. So können Sie mit dem Amazon-Support in Kontakt treten:

1. Amazon Hilfe & Kundenservice

Die erste Anlaufstelle für Hilfe ist die Seite **„Hilfe und Kundenservice" von Amazon** . Hier finden Sie Lösungen für häufig auftretende Probleme, schrittweise Anleitungen zur Fehlerbehebung sowie Links, über die Sie den Amazon-Support direkt kontaktieren können.

Schritte zum Zugriff auf die Amazon-Hilfe :

1. **Besuchen Sie die Amazon-Website** : Gehen Sie zu www.amazon.com (oder Ihrer lokalen Amazon-Site).

2. **Scrollen Sie nach unten** : Scrollen Sie auf der Startseite nach unten und klicken Sie im Abschnitt „Wir helfen Ihnen" auf **„Kundenservice"** .

3. **Suchen Sie nach Ihrem Problem** : Verwenden Sie die Suchleiste, um nach Lösungen für Ihren Kindle Paperwhite zu suchen. Sie können nach bestimmten Problemen suchen, wie „Kindle Paperwhite lädt nicht" oder „So setzen Sie Ihren Kindle zurück".

4. **Folgen Sie den Anweisungen** : Wenn Sie eine Lösung finden, befolgen Sie die angegebenen Schritte, um das Problem zu beheben.

Wenn Sie keine Antwort auf Ihr Problem finden, können Sie im nächsten Schritt direkt den Amazon-Support kontaktieren.

2. Kontaktaufnahme mit dem Amazon-Support per Chat oder E-Mail

Amazon bietet die Möglichkeit, den Support per **Chat** oder **E-Mail zu kontaktieren,** sodass Sie persönliche Hilfe erhalten.

Schritte für Chat- oder E-Mail-Support :

1. **Gehen Sie zur Seite „Kontakt"** : Klicken Sie im Bereich „Kundendienst" auf **„Kontakt"** , um zu einer

Seite weitergeleitet zu werden, auf der Sie die Art der benötigten Unterstützung auswählen können.

2. **Wählen Sie Kindle-Support** : Wählen Sie „Geräte und digitale Dienste" und dann „Kindle" aus den Optionen.

3. **Wählen Sie eine Kontaktmethode** : Ihnen stehen mehrere Optionen zur Verfügung, um den Amazon-Support zu erreichen:

Chat : Über das Support-Chatsystem von Amazon werden Sie mit einem Mitarbeiter verbunden, der Ihnen bei der Fehlerbehebung oder Lösung Ihres Problems helfen kann.

E-Mail : Wenn Sie die Kommunikation per E-Mail bevorzugen, können Sie Ihr Problem an den Amazon-Support senden. Dieser wird innerhalb einer bestimmten Zeit antworten.

3. Kontaktaufnahme mit dem Amazon-Support per Telefon

Wenn Sie lieber telefonisch mit einem Amazon-Supportmitarbeiter sprechen möchten, können Sie einen Rückruf anfordern. Diese Option ist besonders nützlich, wenn Sie detaillierte Unterstützung benötigen oder Hilfe bei einem komplexen Problem brauchen.

Schritte zum Anfordern eines Telefonanrufs :

1. **Gehen Sie zur Seite „Kontakt"** : Navigieren Sie wie zuvor zur Seite „Kontakt" im Bereich Kundenservice von Amazon.

2. **Wählen Sie „Telefon":** Nachdem Sie „Kindle" und Ihr Problem ausgewählt haben, haben Sie die Möglichkeit, **„Telefon"** für einen Rückruf auszuwählen.

3. **Geben Sie Ihre Telefonnummer ein** : Sie müssen Ihre Telefonnummer angeben, damit Amazon Sie anrufen kann. Wählen Sie die für Sie günstigste Zeit, zu der Sie erreichbar sind.

4. **Warten Sie auf den Anruf** : Sobald Sie Ihre Telefonnummer übermittelt haben, wird Sie ein Amazon-Supportmitarbeiter anrufen, um Ihnen bei Ihrem Kindle-Problem zu helfen.

4. Kindle-Supportseiten

Amazon stellt außerdem spezielle Kindle-Supportseiten bereit, auf denen Sie Antworten auf viele gängige Kindle-bezogene Fragen finden, darunter zur Geräteeinrichtung, Fehlerbehebung, Synchronisierung und mehr.

So greifen Sie auf die Kindle-Supportseiten zu :

1. **Besuchen Sie die Kindle-Support-Site** : Gehen Sie zum Abschnitt Kindle-Support auf der Amazon-Website unter https://www.amazon.com/gp/help/customer/display.html?nodeId=200127470.

2. **Themen durchsuchen** : Durchsuchen Sie Kategorien wie „Einrichten Ihres Kindle", „Gerätefunktionen", „Fehlerbehebung" und „Konto und Kindle Store", um hilfreiche Artikel zu finden.

3. **Suchen Sie nach Lösungen** : Möglicherweise finden Sie ausführliche Anleitungen und FAQs, die Ihr Problem lösen können, ohne dass Sie sich direkt an den Support wenden müssen.

5. **Amazon-Foren und -Communitys**

die Community-Foren von Amazon zu erkunden , in denen Benutzer und Experten allgemeine Probleme und Lösungen für den Kindle Paperwhite diskutieren. Sie finden dort oft hilfreiche Tipps von anderen Kindle-Besitzern, die ähnliche Probleme hatten.

Zugriff auf Amazon-Foren :

1. **Gehen Sie zur Amazon-Community** : Besuchen Sie [Amazons Kindle-Forum] (https://www.amazon.com/forum/kindle).

2. **Suchen Sie nach Ihrem Problem** : Verwenden Sie die Suchfunktion, um nach Themen zu suchen, die mit Ihrem Problem in Zusammenhang stehen, oder durchsuchen Sie vorhandene Threads, um Ratschläge und Lösungen zu finden.

3. **Stellen Sie eine Frage** : Wenn Sie keine Antwort finden, können Sie eine Frage an die Community stellen und andere Benutzer oder Amazon-Moderatoren können antworten.

6. Unterstützung in sozialen Medien

Amazon bietet auch Support über seine Social-Media-Kanäle, darunter **Twitter** . Sie können einen Tweet **an @AmazonHelp senden** , wo Ihnen ein Mitarbeiter bei Ihrem Kindle-Problem weiterhilft.

Schritte zur Kontaktaufnahme über Twitter :

1. **Öffnen Sie Twitter** : Öffnen Sie die Twitter-App oder besuchen Sie die Twitter-Website.

2. **Tweet @AmazonHelp : Senden Sie** eine Nachricht an **@AmazonHelp** mit einer Beschreibung Ihres Problems.

3. Warten Sie auf eine Antwort : Das Supportteam von Amazon antwortet normalerweise innerhalb weniger Stunden und bietet Hilfe an.

7. Amazons Rückgabe- und Umtauschrichtlinie

Wenn Ihr Kindle Paperwhite defekt ist oder ein Hardwareproblem aufweist, das vom Support nicht behoben werden kann, bietet Amazon ein **Rückgabe- oder Umtauschrecht an** . Sie können eine Rückgabe oder einen Umtausch über Ihr Amazon-Konto veranlassen.

Schritte zur Rückgabe oder zum Umtausch Ihres Kindle Paperwhite :

1. Gehen Sie zu „Ihre Bestellungen ": Melden Sie sich bei Ihrem Amazon-Konto an und gehen Sie zu „Ihre Bestellungen".

2. Wählen Sie den Kindle Paperwhite : Suchen Sie den Kindle Paperwhite in Ihrem Bestellverlauf.

3. Rückgabe oder Ersatz anfordern : Wählen Sie die Option zur Rückgabe oder zum Ersatz Ihres Geräts. Befolgen Sie die Anweisungen zur Rückgabe des Geräts und zum Erhalt eines Ersatzes oder einer Rückerstattung.

Häufig gestellte Fragen (FAQ)

1. Wie schalte ich meinen Kindle Paperwhite ein?

Um Ihren Kindle Paperwhite einzuschalten, halten Sie die Einschalttaste einige Sekunden lang gedrückt, bis der Bildschirm aufleuchtet. Die Einschalttaste befindet sich normalerweise unten oder hinten am Gerät.

2. Wie lade ich meinen Kindle Paperwhite auf?

Um Ihren Kindle Paperwhite aufzuladen, verwenden Sie das mitgelieferte USB-Kabel und schließen Sie es an eine Stromquelle wie ein Wandladegerät oder einen USB-Anschluss Ihres Computers an. Je nach Stromquelle kann es mehrere Stunden dauern, bis der Kindle vollständig aufgeladen ist.

3. Kann ich auf meinem Kindle Paperwhite Bücher ohne WLAN lesen?

Ja, sobald Sie Bücher auf Ihren Kindle heruntergeladen haben, können Sie sie offline lesen. WLAN wird nur benötigt, um neue Inhalte herunterzuladen, Ihre Bibliothek zu synchronisieren oder auf Onlinefunktionen wie das Durchsuchen des Kindle Store zuzugreifen.

4. Wie verbinde ich meinen Kindle Paperwhite mit WLAN?

Gehen Sie zum Startbildschirm, tippen Sie auf das Menüsymbol (drei Linien) und wählen Sie „Einstellungen". Wählen Sie unter „WLAN-Netzwerke" Ihr Netzwerk aus und geben Sie das Kennwort ein, um eine Verbindung herzustellen. Wenn Sie Hilfe bei der WLAN-Verbindung benötigen, überprüfen Sie Ihre Routereinstellungen oder setzen Sie die Netzwerkverbindungen Ihres Kindle zurück.

5. Kann ich auf meinem Kindle Paperwhite andere Dokumente als Bücher lesen?

Ja, Sie können Dokumente wie PDFs, Word-Dateien und andere unterstützte Formate über USB auf Ihren Kindle hochladen oder sie an die eindeutige E-Mail-Adresse Ihres Kindle senden. Nach der Synchronisierung werden diese Dokumente in Ihrer Bibliothek angezeigt.

6. Wie ändere ich die Schriftgröße oder den Schriftstil auf meinem Kindle Paperwhite?

Um die Schriftgröße oder den Schriftstil anzupassen, öffnen Sie ein Buch, tippen Sie auf den oberen Bildschirmrand, um das Lesemenü aufzurufen, und tippen Sie dann auf die Schaltfläche „ Aa ". Von dort aus können Sie Schriftstil, Größe, Zeilenabstand und Ränder nach Ihren Wünschen anpassen.

7. Wie kann ich Text hervorheben oder Notizen hinzufügen?

Um Text hervorzuheben, halten Sie ein Wort im Buch gedrückt und ziehen Sie die Ziehpunkte, um den Text auszuwählen, den Sie hervorheben möchten. Tippen Sie nach der Auswahl auf „Hervorheben". Um eine Notiz hinzuzufügen, tippen Sie nach der Auswahl des Textes auf „Notiz" und geben Sie Ihre Notiz ein.

8. Wie synchronisiere ich mein Kindle Paperwhite mit meinem Amazon-Konto?

Um Ihren Kindle mit Ihrem Amazon-Konto zu synchronisieren, stellen Sie sicher, dass Sie mit WLAN verbunden sind. Tippen Sie auf dem Startbildschirm auf das Menüsymbol und gehen Sie zu „Synchronisieren und nach Elementen suchen". Ihre Kindle-Bibliothek und -Inhalte werden dann automatisch mit Ihrem Amazon-Konto synchronisiert.

9. Wie aktualisiere ich die Software meines Kindle Paperwhite ?

Um Ihren Kindle zu aktualisieren, gehen Sie zum Menü „Einstellungen", tippen Sie auf „Geräteoptionen" und wählen Sie „Ihren Kindle aktualisieren", wenn ein Update verfügbar ist. Stellen Sie sicher, dass Ihr Kindle mit WLAN verbunden ist und der Akku ausreichend geladen ist, bevor Sie mit dem Update beginnen.

10. Wie setze ich meinen Kindle Paperwhite zurück?

Wenn Ihr Kindle eingefroren ist oder Probleme auftreten, können Sie einen Soft-Reset durchführen, indem Sie den Einschaltknopf etwa 40 Sekunden lang gedrückt halten, bis das Gerät neu gestartet wird. Bei schwerwiegenderen Problemen können Sie einen Werksreset durchführen, indem Sie zu „Einstellungen" > „Geräteoptionen" > „Zurücksetzen" gehen.

11. Wie übertrage ich Inhalte von einem alten Kindle auf meinen neuen Kindle Paperwhite?

Um Inhalte zu übertragen, stellen Sie sicher, dass beide Geräte mit demselben Amazon-Konto registriert sind. Synchronisieren Sie Ihre Bibliothek von Ihrem alten Kindle mit der Amazon-Cloud. Stellen Sie auf Ihrem neuen Kindle eine Verbindung zu WLAN her und synchronisieren Sie es, um die Inhalte aus Ihrer Cloud-Bibliothek herunterzuladen.

12. Warum lädt mein Kindle Paperwhite nicht?

Wenn Ihr Kindle Paperwhite nicht lädt, überprüfen Sie das Ladekabel und den Adapter auf Beschädigungen. Versuchen Sie es mit einem anderen Kabel oder einer anderen Ladequelle. Stellen Sie außerdem sicher, dass der Ladeanschluss sauber und frei von Schmutz ist. Wenn das Problem weiterhin besteht, führen Sie einen Reset durch oder wenden Sie sich an den Amazon-Support.

13. Wie lösche ich Bücher von meinem Kindle Paperwhite?

Um ein Buch zu löschen, gehen Sie zu Ihrer Bibliothek, tippen Sie auf das Buchcover und halten Sie es gedrückt. Wählen Sie dann „Vom Gerät entfernen". Dadurch wird das Buch vom Kindle gelöscht, bleibt aber in Ihrer Cloud-Bibliothek, sodass Sie es bei Bedarf erneut herunterladen können.

14. Wie richte ich Kindle Paperwhite für Kinder ein?

Sie können einen Kindle Paperwhite für Kinder einrichten, indem Sie in **Amazon Kids ein Profil erstellen** . So können Sie das Leseerlebnis für Kinder anpassen, z. B. den Zugriff auf altersgerechte Inhalte und die Festlegung von Zeitlimits für das Lesen.

15. Kindle Paperwhite im Dunkeln verwenden ?

Ja, der Kindle Paperwhite verfügt über eine integrierte, einstellbare Beleuchtung, mit der Sie im Dunkeln lesen können, ohne Ihre Augen zu überanstrengen. Sie können die Helligkeitsstufe nach Belieben anpassen, indem Sie auf den oberen Bildschirmrand tippen und den Helligkeitsregler verwenden.

16. Wie verwalte ich den Speicher meines Kindle Paperwhite ?

Um den Speicher zu verwalten, gehen Sie zu „Einstellungen" > „Geräteoptionen" > „Speicher", um den verfügbaren Speicherplatz anzuzeigen. Sie können alte Inhalte löschen oder in die Cloud verschieben, um Speicherplatz freizugeben. Sie können heruntergeladene Bücher und Dokumente auch über die Seite „Ihre Inhalte und Geräte verwalten" bei Amazon verwalten.

17. Was soll ich tun, wenn mein Kindle Paperwhite eingefroren ist?

Wenn Ihr Kindle Paperwhite eingefroren ist, führen Sie einen Soft-Reset durch, indem Sie den Einschaltknopf 40 Sekunden lang gedrückt halten, bis der Bildschirm schwarz wird und das Gerät neu startet. Dadurch können die meisten Einfrierprobleme behoben werden.

18. Wie kann ich den Amazon-Kundensupport für meinen Kindle Paperwhite kontaktieren?

Wenn Sie weitere Hilfe benötigen, können Sie den Amazon-Support über den Kindle-Hilfebereich in der Amazon-App oder auf der Amazon-Website kontaktieren. Sie können auch mit einem Mitarbeiter chatten oder einen Anruf für persönlichere Unterstützung anfordern.